广西第二期中职名师培养工程学员专著系列
丛书总主编：王 晞 张兴华

# 中职生学习目标的理论与实证研究

李显贵 黄懿 著

北京理工大学出版社
BEIJING INSTITUTE OF TECHNOLOGY PRESS

版权专有　侵权必究

### 图书在版编目（CIP）数据

中职生学习目标的理论与实证研究 / 李显贵，黄懿著 . —北京：北京理工大学出版社，2019.12

ISBN 978-7-5682-8015-0

Ⅰ.①中… Ⅱ.①李… ②黄… Ⅲ.①中专生–学习方法–研究 Ⅳ.①G718.3

中国版本图书馆 CIP 数据核字（2019）第 297762 号

| | |
|---|---|
| 出版发行 / | 北京理工大学出版社有限责任公司 |
| 社　　址 / | 北京市海淀区中关村南大街 5 号 |
| 邮　　编 / | 100081 |
| 电　　话 / | （010）68914775（总编室） |
| | （010）82562903（教材售后服务热线） |
| | （010）68948351（其他图书服务热线） |
| 网　　址 / | http：//www.bitpress.com.cn |
| 经　　销 / | 全国各地新华书店 |
| 印　　刷 / | 北京虎彩文化传播有限公司 |
| 开　　本 / | 710 毫米 × 1000 毫米　1/16 |
| 印　　张 / | 12.25 |
| 字　　数 / | 161 千字 |
| 版　　次 / | 2019 年 12 月第 1 版　2019 年 12 月第 1 次印刷 |
| 定　　价 / | 50.00 元 |

责任编辑 / 梁铜华
文案编辑 / 杜　枝
责任校对 / 周瑞红
责任印制 / 李志强

图书出现印装质量问题，请拨打售后服务热线，本社负责调换

# 前　言

中等职业教育是我国高中阶段教育的重要组成部分，在整个教育体系中处于十分重要的位置。它包括普通中等专业学校、技工学校、职业中学教育及各种短期职业培训等，为社会输出初、中级技术人员及技术工人。中等职业教育担负着培养数以亿计高素质劳动者的重要任务，是我国经济社会发展的重要基础。

《中职生学习目标的理论与实证研究》是对中职学生学习目标的理论、现状和解决策略等问题进行的理论和实证研究。本著作从研究背景、心理学理论、学习目标研究意义、学习目标现状调研、树立学习目标的策略等方面入手，对中职学生的学习目标进行全面系统的研究，以期为深化我国职业教育改革提供可资借鉴的经验。

本书主要研究从学生的角度推动职业教育改革的职业教育理论，以及该理论在中职学校的实践效果，为职业院校提供了一套系统、简便、科学而且可操作性强的树立学习目标的策略，对于我国职业院校教学改革具有重要的借鉴价值、推广价值和指导意义。

本书以实务性为特色，聚焦学习目标的理论与实践，梳理学习目标的内涵，详细地介绍了树立学习目标的策略及实际操作全过程，是一本职业教育教师帮助学生树立学习目标的有效参考书。

编　者

# 序 言

  我国中等职业教育以习近平新时代中国特色社会主义思想为指导，全面贯彻党的教育方针，落实立德树人根本任务，贯彻全国教育大会精神和《国家职业教育改革实施方案》部署，引导和培养学生注重坚守专业精神、职业精神、工匠精神；遵循职业教育教学规律，适应"互联网＋职业教育"的发展需求，运用大数据、人工智能等现代信息技术，构建以学习者为中心的教育生态。可以说，现今关于中等职业教育的研究如雨后春笋般地涌现，然而，时至今日，对于中职学生学习目标的研究却不多见。对此，本书根据实际教学中遇到的问题，对中职学生学习目标的理论与实证展开研究，以期为中等职业教育的发展贡献绵薄之力。

## 一、我国中等职业教育的发展情况

  中等职业教育担负着培养数以亿计高素质劳动者的重要任务，是我国经济社会发展的重要基础。

  中等职业教育的定位是在义务教育的基础上培养大量技能型人才与高素质劳动者，这主要是通过中等职业学校来完成的。在我国，中等职业学校包括普通中等专业学校、职业高级中学、成人中等专业学校和技工学校，学生毕业属中专学历。招生对象是初中毕业生和具有与初中毕业生同等学力的人员，基本学制为三年。

### （一）我国中等职业教育现阶段发展情况

  2015年，全国中等职业教育学校共有1.12万所，其中，普通中等专业学校3 456所，职业高中3 907所，成人中等专业学校1 294所，技工学校2 545所。

### （二）我国中等职业教育的培养目标

  我国中等职业教育的培养目标主要有以下3点。

  第一，新时期中等职业教育培养目标的落脚点是"在第一线工作的高素质劳动者和中、初级专门人才"。作为教育的一种，中等职业教育有必要提高学生的文化基础知识，但它是"必需的文化基础知识"，是为学习专业知识和专业技能服务的；中等职业教育有责任承担就业、升学的双重任务，既要为生产、服务和管理的第一线培养实用性人才，又要为高一级学校特别是高等职业学校输送合格新生，但它的"双重任务"是有轻重、主次之分的，它的主要任务是为就业服务。我们不能对双重任务平等看待，更不能重升学轻就业。

第二，新时期中等职业教育侧重综合职业能力的培养。随着企业向技术密集型转变，实行集约化经营，劳动分工也从单一工种向复合工种转变，这就要求劳动者具备跨岗位的能力。要解决专业的定向性与未来职业（岗位）的不确定性的矛盾，学生唯有拓宽知识基础，掌握多项技能，增强就业适应能力，成为"一专多能"的复合型人才。

第三，新时期中等职业教育侧重综合素质的培养。近年来，我国就业形势十分严峻，党的十六大报告中明确指出："引导全社会转变就业观念，推行灵活多样的就业形式，鼓励自谋职业和自主创业，完善就业培训和服务体系，提高劳动者就业技能。"职业教育以培养各行各业的高素质劳动者为主旨，大多数毕业生直接走向社会，不再继续深造，所以实施就业与创业教育就更为重要。职业教育需要根据经济社会的发展变化，注重培养学生的从业技能，同时加强学生的创业意识与就业能力的培养，使学生具有较强的适应职业不断变更转移和自谋职业的能力。

（三）我国中等职业教育的课程设置

我国中等职业教育课程分为公共基础课程和专业技能课程两类。

1. 公共基础课程

包括语文、数学、英语、计算机应用基础、体育与健康、心理健康、德育。

2. 专业课指专业技术课和专业理论课

专业课程方向有农业、建筑、电子商务、文秘、医疗卫生、物流、烹饪、美容美发和社区服务等。

**扩展学习**

2015年新版《中华人民共和国职业分类大典》将职业分为8个

大类、75个中类、434个小类、1 481个职业。

第一大类名称为"党的机关、国家机关、群众团体和社会组织、企事业单位负责人",包括6个中类、15个小类、23个职业。

第二大类名称为"专业技术人员",包括11个中类、120个小类、451个职业。

第三大类名称为"办事人员和有关人员",包括3个中类、9个小类、25个职业。

第四大类名称修订为"社会生产服务和生活服务人员",包括15个中类、93个小类、278个职业。

第五大类名称修订为"农、林、牧、渔业生产及辅助人员",包括6个中类、24个小类、52个职业。

第六大类名称修订为"生产制造及有关人员",包括32个中类、171个小类、650个职业。

第七大类为军人,其中包括1个中类、1个小类、1个细类。

第八大类为不便分类的其他从业人员,其中包括1个中类、1个小类、1个细类。

## 二、我国中等职业学校毕业生情况

这里主要对2015年和2016年我国中职毕业生情况进行分析。

1. 2015年和2016年我国中等职业学校毕业生情况

2015年和2016年我国中等职业学校毕业生情况如表0-1所示。

表0-1 2015年和2016年我国中等职业学校毕业生情况

| 年份 | 全国中等职业学校毕业生人数(万人) | 就业人数(万人) | 就业率(%) | 对口就业率(%) |
| --- | --- | --- | --- | --- |
| 2015 | 515.47 | 496.42 | 96.30 | 77.60 |
| 2016 | 474.71 | 459.15 | 96.72 | 75.60 |

2. 2015年我国中等职业学校毕业生情况及分析

从就业去向看,数据(以下均不含技工学校)显示,到国家机关、企事业单位就业的人数占就业总人数的52.04%，其为中职毕业生的主要去向；从事个体经营的毕业生占16.27%；选择其他方式就业的毕业生占11.67%，更多的毕业生选择创业；选择继续升学就读的毕业生占20.02%，比2014年增加了4.7个百分点。

从就业结构看，在第一产业就业的毕业生占直接就业人数的10.87%；在第二产业就业的毕业生占32.93%；在第三产业就业的毕业生占56.20%。

从专业大类看，加工制造类专业的毕业生人数、就业人数、就业率均居首位，就业率达到97.30%，就业情况最好；其次是信息技术类，就业率达到96.85%；交通运输类、教育类、休闲保健类、财经商贸类的毕业生就业率都超过了平均就业率，在96.23%以上。这表明中等职业教育与现代服务业、先进制造业的发展是同步的，同时较好地为交通运输、电子商务、现代物流等新型产业的发展输送了人才，对推动实体经济的发展具有较好的促进作用。

从就业地域分布看，选择本地就业的有229.19万人，占直接就业人数的70.75%；选择在异地就业的有93.67万人，占28.92%；选择在境外就业的有1.07万人，占0.33%。与2014年相比，就业率高于全国平均水平的地区增加了5个，达到27个，各地区的就业差距呈整体缩小趋势。这表明中职毕业生的就业地域仍以本地为主，其已经成为区域经济发展的生力军。同时，有超过70%的中职毕业生入学时为农村户籍，毕业后却留在了城镇就业。这表明中等职业教育帮助农村青年学子获得了就业的技能和稳定的工作，促进学生更好的融入城市生活，有力地推动了新型城镇化建设。

从就业质量看，在直接就业的毕业生中，签订劳动合同的比例达89.26%，比2014年增长了1.22个百分点，毕业生就业的稳定性不断提高。就业月平均起薪在2 001～3 000元的学生占29.56%，高于3 000元的学生占12.02%。近84%的就业毕业生缴纳了社会保险，毕业生的社会保障状况持续改善。毕业生对就业满意度表示"比较满意"及以上的达到84.12%，比2014年提高4个百分点，毕业生对就业岗位的满意度不断提升。

从职业指导看，毕业时取得资格证书的学生占毕业生总数的78.65%。在直接就业的毕业生中，通过学校推荐就业的占总数的73.32%，通过中介介绍就业的占6.84%，通过其他渠道就业的占19.84%，学校推荐仍是中职毕业生就业的主渠道。

3. 2016年我国中等职业学校毕业生情况及分析

从就业去向看，数据（以下均不含技工学校）显示，到国家机关、企事业单位就业的人数占就业总人数的45.49%；从事个体经营的占13.85%，表明在国家鼓励创新创业的大形势下，不少毕业生选择了创业就业道路；升入各类高一级学校就读的占25.10%，比2015年增加5.08个百分点。这充分表明，中高职衔接的"立交桥"不断拓宽，为更多中职毕业生接受更高层次的教育提供了机会。

从就业结构看，从事第一产业的占直接就业人数的8.55%；从事第二产业的占31.43%；从事第三产业的占60.02%，比2015年增加4个百分点，表明服务业成为中职毕业生就业的主渠道。

从专业大类看，能源与新能源类、加工制造类、教育类、医药卫生类、旅游服务类、轻纺食品类、交通运输类、石油化工类、休闲保健类9大类专业对口就业率均超过平均对口就业率，其中能源与新能源类专业对口就业率高达81.60%。这表明，越来越多的毕业生实现了对口就业，中职专业建设越来越契合经济社会发展需求。

从就业地域分布看，有185.48万人在本地就业，占直接就业人数的67.26%；有89.37万人在异地就业，占32.40%，比2015年增加了3.48个百分点；有0.94万人在境外就业，占0.34%。各地中职毕业生就业形势总体较好，地区差距不断拉近。这表明，中职毕业生就业地域仍然以本地为主，其已成为地方产业大军的主要来源和经济社会发展的重要人才支撑。

从就业质量看，在直接就业的毕业生中，签订劳动合同的比例达88.68%，就业稳定性较高。就业月平均起薪在2 001～3 000元的占37.70%，3 000元以上的占15.76%，比2015年增加了3.74个百分点，有社会保险的就业毕业生达84.61%，毕业生的薪金待遇和社会保障状况有较大改善,毕业生对就业满意度表示"不满意"的仅占毕业生总数的3.38%。

从职业指导看,毕业时取得资格证书的学生占毕业生总数的76.92%。在直接就业的毕业生中,经学校推荐就业的占总数的70.67%,经中介介绍就业的占6.47%,经其他渠道就业的占22.86%,学校推荐仍是中职毕业生就业的主渠道。

### 三、编写原因

尽管当前中职教育发展得如火如荼,但是在实际工作中,仍有很多问题值得当今的教育者关注。笔者认为其中最迫切需要开展研究的,当属中职学生学习目标的建立问题。

中职学生大多由初中升入中职,有的学生学习兴趣不高,没有明确的学习目标,甚至无法完全适应中职生活。因此,如何帮助中职学生树立学习目标,激发中职学生的学习兴趣,提高其学习主动性、积极性,是很多中职教育工作者面临的一个难点问题。

中职学生学习目标意识的培养是一项长期的、艰巨的工作,也是一项细致的、反复的工作,非一朝一夕之事。因此,教师要做好充分的思想准备,允许学生的反复和反弹,只有深入了解学生,找出其缺失学习目标意识的症结所在,才能"对症下药",让他们重构目标,从而获得发展。

# 目 录

**第一章　问题陈述** …………………………………………… 001
　一、研究背景 ………………………………………………… 001
　二、研究意义 ………………………………………………… 007
　三、研究的目标与内容 ……………………………………… 008

**第二章　中职生学习目标的理论研究** ……………………… 010
　一、学习目标的内涵界定 …………………………………… 010
　二、学习目标的理论基础 …………………………………… 014
　三、学习目标与培养目标的区别 …………………………… 036
　四、中职学生的职业学习 …………………………………… 038

**第三章　中职生学习目标现状调查研究** …………………… 055
　一、中职生学习目标现状调查综述 ………………………… 055
　二、中职生学习目标不明确的原因分析 …………………… 059

**第四章　中职生树立学习目标的策略与实证研究** ………… 070
　一、中职学生树立学习目标的策略 ………………………… 070
　二、中职学生成功树立学习目标典型案例
　　（学员作品） ……………………………………………… 105

**第五章　中职生学习目标的研究结论** ……………………… 169
　一、学习质量的表征维度 …………………………………… 169
　二、开展学生学业的成就评价 ……………………………… 172
　三、对公共基础课进行改革 ………………………………… 175
　四、中职教育一定要走创新之路 …………………………… 176
　五、现代化示范职业学校 …………………………………… 177

**参考文献** ……………………………………………………… 183

# 第一章 问题陈述

中职教育是当代中国职业教育体系的重要组成部分。党和国家历来高度重视职业教育，明确要求在整个教育结构和教育布局中，必须把职业教育摆到更加突出、更加重要的位置上。在全国教育工作会议（以下简称"会议"）上，中央再次强调，要大力发展职业教育，加快发展面向农村的职业教育，着力培养学生的职业道德、职业技能、就业创业能力；职业教育是面向人人、面向整个社会的教育，根本目的是让学生学会技能和本领，能够就业，成为有用之才；发展职业教育，使学生能够掌握一定的专业技术，顺利实现就业，摆脱贫困，从而过上有尊严的生活，这是促进社会公平、实现社会和谐的有效途径。会议要求，要把职业教育纳入经济社会发展规划，促进职业教育在规模、专业设置上与经济社会发展需求相适应；要完善支持职业教育发展政策，动员全社会力量兴办职业教育。

## 一、研究背景

十九大报告提出，要完善职业教育和培训体系，深化产教融合、校企合作，这也为职业教育的创新发展指明了方向。

### （一）发展是职业教育永恒的主题

21世纪以来，为满足人民群众的教育需求及经济社会发展对技能型人才的迫切需要，党和政府作出了大力发展职业教育的战略部署：

2002年、2005年和2014年先后三次召开全国职业教育工作会议，提出要大力发展职业教育，并赋予职业教育重大历史使命。在党和国家的重大决策和相关文件中，反复强调职业教育在社会主义现代化建设中的基础作用和战略地位，要求采取强有力的措施，推动职业教育又好又快的发展。

## （二）改革是大势所趋

虽然职业教育规模快速的扩张，但是职业教育的质量令人担忧，其面临着价值认同度高与吸引力不足的矛盾。因此，为提高职业教育的质量，提升职业教育的吸引力，办人民满意的职业教育，我国政府大力推进职业教育教学改革。一方面，政府实施了一系列教育教学质量工程，如专业建设工程、精品课程建设工程、名师工程、中职教师素质提高计划、国家示范校建设工程、技能型紧缺人才培养培训工程等；另一方面，政府推行了一系列改革举措，如中职学生免费教育、中高职衔接、专业标准开发、专业服务产业、中高职考试招生制度改革等。

改革已成为21世纪职业教育发展的又一时代主题。在政府政策的推动下，我国职业院校掀起了教育教学改革的热潮，包括办学模式改革、人才培养模式改革、课程改革、教学模式改革、体制机制改革等。职业教育教学改革对我国职业教育发展产生了巨大的影响。一方面，职业教育教学改革是一次教育思想观念的解放。通过改革实践，职业院校对职业教育的认识更加清晰，取得了许多共识。如"以服务为宗旨，以就业为导向，走产学研结合之路"已成为职业院校共同遵循的办学理念；"校企合作、工学结合"已成为人才培养的基本理念；"学习领域课程、项目课程、一体化课程"已成为课程建设与改革的主流方向。另一方面，职业教育教学改革取得了大量的实践成果，积累了许多成功的发展经验。如资助建设了100所国家示范性高等职业院校和100所国家骨干院校；建设了数百个国家示范性高职高专专业；建设了上千门国家级高职高专精品课程；评选了数十名国家级高职高专教学名师；形成了许多具有院校和专业特色的人才培养模式；

构建了约700个职业教育集团；开发了18个大类410个专业的《高等职业学校专业教学标准（试行）》；开发了233种中职改革创新示范教材，等等。

**（三）学生不仅是教学的主体，也是改革的对象**

学生既是教育教学改革的对象，也是利益主体。教育教学的任何改革最终都应落实到学生身上，即更有效地帮助学生成才。学生成才是教育教学的目的，改革只是手段。因此，职业教育教学改革必须深入研究职业院校学生的身心发展规律、价值选择与利益需要，并在此基础上进行相应的改革设计。然而，当下一些教育教学改革在一定程度上忽视了学生的主体性，这些改革的起点不是学生的需要，而是市场上用人单位的需要。

以课程改革为例，一般的改革思路是：基于职业市场的调查，确立专业对应岗位（或职业）所需要的知识、能力和素质，再将相应的知识、能力和素质转化为课程。这种课程围绕"职业岗位"进行设计，打破了传统的以"学科知识"为中心的课程设计，更符合用人单位的需求，突出体现了职业教育的"职业性"。但是这种以用人单位需求为导向的课程并不一定符合学生的需要，也不一定符合学生的身心发展规律，在激发学生的主体意识、调动学生的学习积极性等方面的作用很有限。因此，虽然这种职业本位课程较好地克服了传统的学科本位课程的缺陷，但由于没有充分考虑学生的需要及他们的身心发展规律，在实践中很难达到预期的效果。事实上，随着经济的发展，学生在职业教育中的主体地位越来越突出。

一方面，随着我国高中阶段教育的普及化和高等教育大众化的推进，"职业教育作为面向人人的教育"正在成为现实，职业院校的生源越来越多样化，入学方式也日趋多元化，学生的成才基础与成长动机均存在较大差异。例如，广州某职业技术学院仅全日制在校生就多达五类，包括中职毕业生、普通高中毕业生、退伍军人、社会人士（插班生）和大学毕业生（大学毕业后期望学习技能的学生）。学生的入学方式也各不相同，包括普通高考、"3+证书"、普高单招、中高职对口单招、高职对口中职"三二"分段、政策安排（如退伍军人、新疆班）、自主入学（如社会插班生）。因此，职业院校在教育教学改革中，必须正视学生的多样性与差异性，有针对性地进行探索改革，从而使改革适应不同学生的需要。只有这样，才能激发不同学生的主观能动性，保证改革的效果。

另一方面，随着职业教育供需矛盾的逐步缓解，学生受教育的选择机会越来越多，选择空间也越来越大。因此，学生对职业教育提出了更高要求，不再满足于"获得受教育的机会"，也不再满足于"通过接受职业教育获得一份工作"，而是希望得到优质的职业教育，并通过接受职业教育获得一份体面的工作。因此，出于市场竞争的考虑，职业院校在职业教育教学改革中，不应仅考虑"出口"——用人单位的需要，还应考虑"入口"——学生的需要。如一些企业一直希望职业院校能为其培养生产一线的技能型人才，但学生尤其是家庭经济条件较好的学生并不愿意从事这类工作。如果改革仅仅以企业的需求为导向进行人才培养工作，不仅难以激发学生的成才动机，也会因毕业生不愿意去既定的生产岗位就业而造成技术人才的浪费。

因此，在职业教育教学改革中，应激发学生的学习积极性，促进学生自我成才。职业教育教学改革若淡漠了学生的需要，不仅难以调动学生学习的主观能动性，影响改革的成效，还会降低职业教育的吸引力，影响职业教育的可持续发展。

### （四）人才培养目标

人才培养目标是职业教育教学改革的重要内容。但是，当前改革忽视了学生的利益要求，也忽视了学生的主体性。学生的利益要求必须在人才培养目标中反映出来，人才培养目标必须反映学生的自我成才需要。因此，从这个意义上说，必须深入研究职业教育人才培养目标，使得人才培养目标能够反映多元利益主体的需求，包括政府的政治需要、用人单位的人才需要、学生的自我成才需要。虽然各利益主体追逐的目标有所不同，但必然会存在着带有根本性的相同要求。这些相同的要求，就构成了职业教育人才培养的基本目标框架。

另外，当下职业教育教学改革更关注内容与手段而忽视人才培养目标的原因，与人才培养目标自身存在的诸多问题不无关系。首先，人才培养目标一直被认为是由国家教育行政部门决定的，职业院校只是执行国家政策，缺乏对人才培养目标进行科学定位的自觉行为；其次，人才培养目标过于笼统，缺乏可操作性，对实践的指导作用有限；最后，国家政策层面规定的人才培养目标不够清晰，尤其是中职与高职人才培养目标重复，缺乏有效衔接。人才培养目标自身存在的诸多问题，造成职业教育教学改革实践或主动或被动地忽视人才培养目标的现象。

因此，研究思考职业教育人才培养目标应是职业教育教学改革的一种必然选择。

**扩展学习**

### 中职要走出"只谈升学"的怪圈

2017-11-27　来源：中国青年报

"读职教中心，上本科院校不是梦！""成绩中等及以下的学生读职教中心，考本科院校，更轻松！更容易！""提前录取对口高考实验班，所有费用全免，送你轻松上本科！""二本升学率达到95％！"

以上是某地一所县级职教中心打出的招生广告。近些年来，不只是县级职教中心，不少发达地区的中职学校都存在着一个普遍趋势，即在招生宣传介绍办学成效时，只顾打着"升本"旗号，对就业或高职升学则闭口不谈。这些似乎都在释放一种信号，中职办学正在向普通教育靠拢。

毫无疑问，将"对口升学"作为办学的主要目标，是中职教育人才培养目标与国家产业结构发展和城镇化战略的错位，背离了国家和社会发展赋予职业教育的根本任务。然而，舆论批评是从理论出发的，而社会需求导向则是现实的，理想与现实之间还存在着巨大的

"鸿沟"，具体体现在以下3个方面。

首先，和普通教育相比，职业教育地位低下始终是个固有存在，中职教育位居职业教育的最底端，这种竞争力上的天然劣势是难以克服的"顽症"。普通高中办学规模不断扩大也截断了中职办学的"后路"，高考仍旧是农村地区学生改变命运的一条必由之路，他们对普通教育的需求量依然很大，而中职学校的升学职能远不能满足农村地区学生的需求。

其次，地方政府对职业教育重视程度不一，普遍资金投入不足。一般来讲，职业教育的成本约是普通教育成本的153%，国家现在每年投入的培训经费高达几百亿元，但真正落实到职业教育的可能还不到三分之一。地方政府对普通中学和中职学校的重视、投入差距悬殊，普通中学有"本科上线率"可以向政府"邀功"，同时也能借以提升社会影响力，而中职教育不得不借用这个套路，用"升本率"向政府索取"话语权"，从社会赢得地位和认可度。

最后，中职学校办学质量不高，无法内生吸引力。中职学校师资力量普遍薄弱，"双师型"教师匮乏；办学模式与企业结合不够紧密；盲目的专业设置、专业建设、低效率的课程模式和教学方法；中职学校还在沿用普通高中的评价考核激励方式……种种内在"痼疾"使得人们对中职教育长久以来形成的"刻板印象"一时无法转变，选择中职教育，多是出于无奈。

据统计，全国大约有1.2万所中职学校。每所学校所处的地域社会经济发展状况不一样，其办学水平各不相同。县级和城市的中职教育，各自发挥的功能不一样，本应该立足实际，体现出特色化、多样性，而不是越来越趋同于"升本"。因此，引导"只谈升学不谈就业"的中职适时走出这种"怪圈"，需要内部和外部共同发力。

一方面，政府要从外部为中职办学创造更加有利的环境，重视职业教育不能仅停留于文件和口号，更要落地生根。

另一方面，办学质量提升最终有赖于中职学校内生动力，管理者必须尊重中职教育基本规律，转变办学思路，平衡好就业和升学的双重目标，树立质量意识，逐步扭转"升学"主导的倾向。

总之，只谈升学，不谈就业，只会离中职教育的根本目标越来越远。要想真正解决问题，既需要上级部门科学合理的顶层设计，也需要学校立足实际，积极努力地探索创新，只有如此，才能让职业教育的理想和实际贴合得更紧密一些。

## 二、研究意义

本课题不论是在职业教育发展与人才培养实践方面，还是在职业教育理论方面，都具有积极的意义。

### （一）为构建现代职业教育体系提供重要的理论依据

《国家中长期教育改革和发展规划纲要（2010—2020年）》明确要求："到2020年，形成适应发展方式转变和经济结构调整要求、体现终身教育理念、中等和高等职业教育协调发展的现代职业教育体系。"现代职业教育体系的逻辑起点是人才培养目标体系，即只有先明确经济社会发展到底需要职业教育培养什么人（包括人才层次、规格），才能据此完善并最终建立符合经济社会发展要求的现代职业教育体系。本书深入研究中职学生学习目标的理论与实证，希望能为我国构建现代职业教育体系提供理论支持。

### （二）为职业院校人才培养目标定位提供参考

众所周知，由于历史的原因，我国职业教育的结构比较复杂。在中等职业教育方面，既有行业背景比较突出的中等专业学校，也有人力资源与社会保障部门主办的技工类学校，还有教育部门主办的职业高中。不论是中职还是高职，对于影响职业教育人才培养的诸多因素都缺乏综合考虑，尤其是未能综合经济社会发展水平、学校特点、专业、学制、生源等诸多因素，全面系统地设计人才培养目标体系，从而影响了职业教育的人才培养质量，影响了职业教育整体功能的发挥。本书对中职生学习目标的理论与实证研究，能为不同类型、不同层次的职业院校人才培养目标定位提供参考。

## 三、研究的目标与内容

本课题旨在研究中职学生的学习特点，找到共性特征，对中职学生学习目标的理论与实证进行分析，针对不同的情况与类别找到相关对策，重点解决学习态度、学习兴趣、学习方法、学习效果等方面的问题，以便在实践中因材施教，最终使学生掌握应有的知识、技能，具备应有的素质，学有所长、学有所成、学有所用，成为技能型人才或中初级管理人才。要解决的关键问题和创新点主要有三个：一是对中职生学习特点中的共性问题予以总体把握；二是针对不同类别学生的学习特点，找到相关对策；三是进行广泛实践，总结推广。

本课题研究的内容主要包括以下3点。

首先，帮助学生更好地掌握书本内容。众所周知，学生在学校的学习是以掌握书本（媒介）的间接经验为主，尽管中职学生主要是学习技术，掌握技能，但是仍然需要接触书本。间接知识经验是学生在学校学习掌握人类已经形成并积累下来的、以语言符号为物质形式的社会历史经验。这是人类在漫长的社会实践活动中认识和改造世界所创造的精神财富的结晶。其内容包括文化科学知识、技能和社会生活规范及行为准则等。学生学习的主要目的就是要掌握这些知识经验，把它转化为自己的精神财富，形成必要的才能和品德。虽然我们强调掌握书本的间接知识经验，但是并不否认在学习过程中必要的直接经验。其实，掌握知识总是要以一定的直接经验为基础的。

其次，帮助学生达到最佳的学习效果。学生在学校的学习是在教师的组织指导下，根据学生的年龄特点、心理特征、知识水平和认知能力，有目的、有计划、有组织地进行，不同于日常生活或其他松散方式的学习。学生学习的目标要求、科目内容、时间安排和组织形式都有明确的规定，使学生能在较短的时间内取得最佳的学习效果。

最后，帮助学生形成正确的世界观和人生观。学生的学习不仅要掌握系统的科学知识、技能，还要形成正确的世界观、人生观、价值观和道德观。学生的学习是一种全面的认识世界的过程，主要是通过掌握前人所积累起来的科学知识，间接地认识客观世界和主观世界。

因此，这种学习和劳动者、科学家通过实践直接去探索尚未发现的事实与真理的认识活动有所不同。尽管学生在学习过程中也会有所发现，尽管此过程不能脱离社会实践，但他们主要的精力和大量的时间还是学习和掌握系统的科学知识和技能，同时通过有目的、有组织、有计划的各种教育活动培养他们的世界观、人生观、价值观、道德观，为将来进一步认识世界和改造世界打好基础。

中职学生的学习，从时间范围看，包括课堂中的学习和业余时间的学习；从空间范围看，既有校内学习，也有家庭、社会等更广泛空间的学习；从学习内容看，既包括教学计划、大纲中的文化课，专业基础课，专业课程（包括理论知识和实践技能）的学习，又包括广泛的科学知识和社会经验的学习，还包括道德修养和行为习惯的学习，等等。

# 第二章　中职生学习目标的理论研究

一个人要获得成功,应当按照人生成功的规律来制订自己的目标。目标对人生有积极的影响,而且非常重要。有了目标,就有了努力的方向和动力。美国斯坦福大学做了一项调查——关于目标与人生绩效的关系。通过对一群普通人进行长达 25 年的持续观察,发现没有目标的人处于社会的最底层;目标模糊的人成为蓝领;目标明确的人成为白领,属于专业人士;目标远大,且把目标写在纸上,不达目的绝不罢休的人,最后成为社会的顶尖人士、各行各业的领袖。

对于中职学生而言,需要及早确立人生目标和职业生涯目标,明确自己的学习目标。人生目标和职业生涯目标制订得越早越好,越详细,成功的概率越大。人生目标是要实现自身的价值,是自身发展的最终目标;生涯目标的设定,是设计职业生涯的核心,是人生的方向盘;学习目标,则是完成人生目标和职业生涯目标的基础。

## 一、学习目标的内涵界定

学习目标是教学活动所追求的、学生在学习过程结束后应实现的最终行为,是预期的教学效果。清楚的表述学习目标,可以使学生和老师都明确自己的努力方向,有效评价学习效果,并帮助教师和学生选择合适的学习内容、方式方法和手段。

实现学习目标是实现人生目标的开始。学习目标比较具体,可以在短时间内实现。它可以使我们更容易享受成功的欢乐，增加自己的信心。

**案例**

### 经营"鸿昌"，让"鸿昌"更昌盛

山东省章丘市第一职业中专　张锦涛

（全国中等职业学校"职业生涯规划"设计比赛获奖作品）

时代在发展，我们走过了机械时代、蒸汽时代、电气时代，现在来到了信息时代。为了适应当今社会日新月异的发展趋势，人们都在不断地用新的知识武装自己。我们作为计算机专业的学生，信息时代的一员，更应该树立远大的目标，采取切实的措施，跟上时代发展的潮流，进而实现人生的价值。

**认识自我**

我从小在农村长大，生活在一个在当地还算比较富裕的家庭中，父亲开了一家有十余名工人的私营企业——鸿昌汽保设备厂。由于我从小受父亲这位"企业家"的影响，对企业生产管理等有关事务具有浓厚的兴趣。妈妈也是"蓬生麻中，不扶而直"，对财务管理尤为在行。因为对设计方面有兴趣，我也初试锋芒，获得了一点小的成绩。比如：本地比较有名的"腾达"塑料厂的商标就是我设计的。

特有的生活环境及父亲的影响铸就了我倔强的性格——不轻易服输，也决不盲从，而是有自己独到的看法，并且敢于大胆地表现自己。比如在学校举办的辩论赛中，我赢得了"最佳辩手"的称号等。

我最大的缺点就是粗心大意，做事缺乏足够的耐心，这导致我中考仅以2分之差，没能考上重点高中。值得庆幸的是，我进入了重点职业中专，并且选择了计算机专业。

**我的目标**

成功要靠目标来领航。人如果没有一个明确的目标来领航，就会随波逐流。人的生命是有限的，要使有限的生命更有意义，就必须为人生确立明确的目标。沿着正确的方向和道路前进，是一个人取得成功的重要因素。我根据自身的条件和所处环境，确定了以下3个目标。

第一阶段目标：充实锻炼自己。

第二阶段目标：考上理想的高职。

第三阶段目标：扩大"鸿昌"规模。

措施及安排

(1) 2004年7月至2005年7月：提高学习成绩。

措施：补习文化课中比较薄弱的科目——数学。在专业课上，努力做到不松懈，并且注重实践，将所学的知识牢固掌握。

(2) 2005年7月至2006年7月：争取学习成绩能保持在班级前五名，为实现第二阶段目标打好基础。

措施：订阅《电脑爱好者》《学习报》等，加强对专业课和文化课的学习。

(3) 2006年7月至2007年6月：考上一所理想的高职院校。

措施：珍惜时间，自己上早自习，复习每门功课，查缺补漏。

(4) 2007年9月至2010年7月：在高职院校学习期间，把自己塑造成一名符合社会潮流的高素质人才。

措施：充分利用学校条件，学好本专业知识，利用课余时间学习企业营销知识，搜集一些成功企业的案例，为经营"鸿昌"企业做好准备。

(5) 2010年至2015年：回"鸿昌"就业，结合所学知识与实践经验，提高企业的整体水平。

措施：深入企业的各个部门，找出企业自身的优势与不足，大胆改革，为企业的进一步发展注入活力。

(6) 2015年至2025年：把鸿昌汽保设备厂的规模扩大，增强解决就业的能力，以转移当地农村剩余劳动力，提高当地经济的发展水平。

措施：投入资金及设备扩大"鸿昌"规模，充分利用网络优势，通过在互联网上发布信息，扩大鸿昌汽保设备厂的知名度，让计算机在企业的发展中发挥重要作用。

职业生涯是人生重要的阶段,让职业生涯大放异彩是个人的需要,也是国家和社会的需要,而成功的职业生涯只属于有准备的人。我相信,只要踏实努力,未来一定会属于我自己。

**点评**

这是一份对发展条件分析较好的设计。分析发展条件是客观地把握职业生涯发展的内部和外部环境的基础,是确保职业生涯设计方向正确、目标实在、符合实际的必要前提。

分析包括自身条件及其变化趋势、家庭条件及其变化趋势、行业发展趋势和就业环境三个方面。张锦涛同学对前两点的分析具体平实,并因此对今后的发展目标充满了信心,相信他会运用现代信息技术使"鸿昌"更加兴旺昌盛。

该设计的缺点在于只谈了信息技术和国家宏观经济的发展趋势,涉及了自己所学专业将对鸿昌汽保设备厂发挥的作用,但缺少对汽保设备厂这一行业的现状和发展趋势的分析,让人感到继续投入、扩大再生产的"底数"不清。此外,还应根据自己现在所学计算机专业的特点和远期目标——即经营"鸿昌"的需要,明确第二目标,即报考高职的专业类别。升一时,选择适合自己现有条件和发展方向的专业,是职业生涯发展很关键的一步。

(北京市职教学会副会长蒋乃平)

资料来源:何兆述,师振华.职业生涯规划与设计.北京:中央广播电视大学出版社,2015.

从上述案例我们不难看出,学习目标明确,对于职业生涯和整个人生目标的实现,具有极为重要的作用。学习目标是一个笼统的定义,如何让学生理解学习目标的内涵并制订出切实可行的学习目标,是教育者需要掌握的。

1. 学习目标的内涵

通常,学习目标可分为:掌握知识目标、培养能力目标、掌握方法目标和达到成绩（分数）目标。具体来说，学习目标是指学生学习上所要达到的要求，如成绩目标、习惯目标、进步目标和排名目标。

例如，在案例《经营'鸿昌'，让'鸿昌'更昌盛》中，该学生制订了详细的学习目标（见本章案例中"措施及安排"一节）。

按照时间制订出每个时间段的学习目标，并且列出了措施，极具可行性。不难想象，该生在按照这样的计划执行后，会取得较好的结果。

2. 有效的学习目标的制订

如何使自己的学习目标完全实现，达到预期的理想效果呢？这就需要建立有效的学习目标。

有效的学习目标应能体现以下 6 点。

① 学习的主要意图是什么？

② 能完成什么工作？

③ 自己要达到这个要求必须做什么？

④ 能达到什么样的质量标准？

⑤ 怎样知道什么时候自己的行为已经达到了要求？

⑥ 完成规定工作需要什么条件？

目标就像射击的靶一样，清清楚楚地摆在那里。学什么，学到什么程度，要有明确具体的要求。比如，从事某一专业，到哪年，学习哪些知识，达到什么程度，都要明确、具体地确定下来。制订有效的学习目标，要在时间、高度和深度三个维度上，完全结合。

## 二、学习目标的理论基础

本书仅介绍终生学习、体验性学习理论、情景建构主义和西方教育中的实用主义哲学。

### （一）终生学习

当今世界，人类已经跨入了知识和信息激增时代，知识问题迅速扩张，极速飞跃。人类社会知识总量的 90% 是 20 世纪的后半个世纪创造出来的，它是以前历史所产生的知识总量的 15 倍。人类的知识量过去是每隔几十年换一次，之后是十年换一次，现如今，五年之内知识与信息量就要翻一番。世界各国的经济较以往任何时候都更加依赖知识的生产、扩散与应用。高技术经济逐渐形成，并以强大的发展势头占据了大部分经济份额。

杰出的知识精英正在推动技术的高速发展，他们用知识和智慧带动人类进入知识经济时代，而他们的知识也为自己带来了巨大的财富。15年前，在世界富豪排行榜上前几位的分别是石油大王、钢铁大王、汽车大王，这完全是当时大规模工业生产的需要；而现在，排在前十名的世界富豪则有一半以上是与信息等高科技产业有关的人。他们完全颠覆了过去那种生产方式，而以自己的知识跨居时代前端，一跃成为掌握财富的人。

这样的一个时代，社会的主宰力量由金钱转向知识，工作发生了从肌肉力量向知识力量的大转移。这意味着，学习及思考能力是未来社会的重要能力。联合国教科文组织曾经提交了一份名为《学习——内在的财富》的报告，文中指出：毫无疑问，个人获取知识和处理信息的本领，对于自己进入职业界和融入文化环境及社会都将是决定性因素。

1. 树立终生学习观念

过去家长最渴望的就是让自己的孩子认真的学一门专业，学一门手艺，如果孩子进入某家效益不错的单位工作，家长及周围的人就认为这是端上了"铁饭碗"，孩子就会一生衣食无忧了。然而，当今世界根本没有所谓的"铁饭碗"一说。知识更新得非常快，如果不能及时补充新知识，必然会逐渐被社会淘汰。而且我们每个人面对的工作环境比以前更复杂了。过去的工作对于人的要求就是某一工作的熟练掌握程度，然而现在想要完成某一项工作，必须要涉足许多相关领域。每个人都至少应该熟练使用计算机、掌握一门外语的基本读写、了解相关的专业知识以及如何在组织中进行工作等。单一的知识结构已不能满足日益提高的工作要求。

与此同时，随着个人工作年限的增加，科学技术的不断发展，每个人都将遇到很多新的问题。在当今的职业社会中，对大多数人而言，一生中变换几次职业或者职位是在所难免的。这就要求人们必须随时保持知识系统的更新。现在，终身学习已经成为社会发展对人类提出的新要求，与之相对应，每个人也有更多、更灵活的学习机会，以跟上这种发展的趋势。

对于一名中职学生来讲，在学校几年所学的知识，只是为以后更好的学习打下基础。学校教育不可能满足社会对于一个职业人的需求，更多的知识是要在工作以后获得。

中职学生应把毕业当作新的学习生涯的起点，通过工作了解自己的职业倾向，有针对性地选择自己想要和适合从事的职业或者职位，对一生的学习进行重新规划和设计，采用灵活多样的学习方式，充分利用现代教育媒体，不断地进行学习，才有可能跟上时代的步伐，实现自己的理想。正如美国某教育学家所说的那样：教育并不以你获得的最后一张文凭而终止，终生学习在一个以知识为基础的社会里是绝对必需的。

**扩展学习**

阿尔伯特·爱因斯坦，上学时是个不被老师喜欢的学生。中学时代的爱因斯坦考试经常不及格，看起来只会坐在那里空想，他的第一次大学入学考试失败得一塌糊涂，第二次才勉强考入了苏黎世综合大学。在学校里，要不是他的同学格罗斯不断帮助他，他可能连大学毕业证都拿不到。可就是这样一个学生，却成为20世纪最伟大的科学家。爱因斯坦有一条学习的理论：每个人的面前都有一条"I don't know gap"（无知的鸿沟），而学习，就是想办法找出这"gap"，并且想办法逾越它。爱因斯坦的一生，可以说一直在跨越这样一条鸿沟。他研究的范围涉及面非常广，而他也通过对这些知识的整合，创造了"相对论"，成为一代伟人。学习的第一步，应该首先知道自己要学些什么，也就是"To know what I don't know"（知道我不知道什么）。

2. 选用合适的学习方法

每个人的情况都是不一样的。对于有些人来说，背诵概念和语法可以提高自己的英语水平，但对另一些人来讲，则毫无益处。在学习过程中，最重要的是找出适合自己的学习方法。每个人都有不同的生活方式和工作方式，成功的事业取决于他们是否将自己的方式与工作、周围环境良好地结合在一起。与此相对应，在学习的生涯中，也必须意识到世上的学习方法有很多种，其中肯定有几种适合你。为了使学习达到更好的效果，就必须有意识地借鉴和使用各种学习方法，并比较哪种方法较适合自己，在长期的学习过程中，加以改造，才能形成最好的学习方法。

3. 不断以阅读充实自己

自古以来，书籍是人们传授知识、思想、观念以及讲述故事的主要途径。古今中外的众多成功人士也都是饱览群书。然而，如今这个网络盛行的时代，还有多少人在真正阅读呢？请你回想一下，近半年来，除了那些杂志以及不得不看的专业书以外，你有没有真正的阅读？读书的目的在于广泛的涉猎各方面的知识，在于汲取前人的经验教训，在于探索人类发展的步伐，在于了解生命的真谛。只有不断阅读，不断思考，才有可能提高自己认识问题的水平，能够正确地对待各种事物。培根曾经说过："读史使人明智，读诗使人灵秀，数学使人周密，科学使人深刻，伦理学使人庄重，逻辑与修辞使人善辩……"

4. 提高搜集信息的能力

现在这个时代常常被称为"信息激增"的时代。由于互联网的迅速普及，信息的传播速度及内容成几何级递增，媒体的力量也越来越大。在历史上从未见过有如此多的报纸杂志在同一时间出售，信息成为人们生活中必不可少的一部分。可以说，这种信息时代的来临，也在很大程度上改变了人们生活的方式。那么，要想做这个时代的弄潮儿，就必须具备较强的搜集信息的能力。

这种搜集能力，不是在网上随便找一个搜索引擎，输入关键词，点击一下搜索就算完事，而应该包括以下几个内容：快速查询相关内容，包括互联网、图书馆、报纸杂志等所有可查资料；快速筛选，从这一堆资料中找出真正有用的内容；综合思考过程——这是最重要的一个过程，就是通过自己的大脑对所得的资料进行整合，从中得出结论或者行动的指南。如果没有这三个步骤，所有的信息搜集工作都是白费。

然而，在学习的过程中一定要牢记：不能做知识的奴隶。虽然我们在不停地读书，汲取前人的知识养分，但要学会结合自己所处的环境及工作的目的，有条理地加以整理，使自己吸收的知识变成适用于现实的内容。

表2-1所示为终生教育观与传统教育观的比较。

表2-1 终生教育观与传统教育观的比较

| 比较内容 \ 教育观 | 传统教育观 | 终生教育观 |
| --- | --- | --- |
| 学习时间 | 幼儿期、少年期、青年期 | 人生的各个阶段 |
| 教育目的 | 传授基础知识 | 培养生活和工作的能力 |
| 教育作用 | 文凭作为挑选人才的唯一依据 | 发现和强化潜能，注重提高实际能力 |
| 教育领域 | 限定的、隔离的 | 沟通的、融合的 |
| 学习机会 | 分数、年龄、区域、专业、性别都会影响选择 | 学所想学，不受限制 |
| 向谁学习 | 学校里的老师 | 能者为师、先者为师、快者为师 |
| 教育方式 | 你教我学，你考我答 | 提供方法，事实检验 |
| 考试场所 | 教室 | 处处可能是考场 |
| 考试内容 | 考卷上的题目 | 事事可能是考卷 |
| 成绩标准 | 分数 | 事情结果 |
| 学习工具 | 主要用书本学习 | 各种学习工具、媒体 |
| 成人与儿童的学习关系 | 儿童向成人学习 | 相互学习 |

续表

| 比较内容 \ 教育观 | 传统教育观 | 终生教育观 |
|---|---|---|
| 学习观点 | 活到老学到老，是一种好品德 | 活到老学到老，是一种生存本领 |
| 学习内容 | 根据学校、老师安排及生活、工作需要，侧重于自然科学、抽象知识 | 侧重于文化修养、实用知识 |
| 文盲 | 不识字的人 | 不会继续学习的人 |

## （二）体验性学习理论

美国实用主义者杜威以可感知体验而非主观经验为基础，产生了非常明晰的教育哲学，此哲学就是人们所谓体验教育的基础。在杜威的教育哲学中，教育的目标不是可能发生的变化的正确答案，而是理解和运用经验，这是通过发展用以检验经验的思维过程才能达到的。在这一模式中，老师辅助学生，使学生的经验系统化，学生从面临挑战到寻求解决方法，找到通往自身体验之路；教育过程建立在人对从困难走向解决这一活动的体验之上。在体验学习和体验教育里，学习者直接参与的体验是知识的对象，对参与的反思是认知的手段。

1. 体验学习理论的内涵

体验学习理论作为教育学理论，其起源于教育学家杜威的"经验学习"，其他领域许多学者的研究也促进了它的发展，如哲学、心理学、社会学领域里有勒温、皮亚杰、埃里克森、罗杰斯、皮尔斯和马斯洛等。其中，杜威、皮亚杰、勒温的研究是体验学习理论的重要智慧来源。

教育学家杜威描述了刺激、感受和具体经验的动机如何能转变到更高规则的目标行为的过程。发展心理学家皮亚杰认为，体验、观念、反思和行动4个维度构成人基本的连续性发展思维。社会心理学家勒温的实验室训练与行为研究发现，通过一个完整的实验过程——以学习者的即时具体体验开始，继而搜索、观察学习者的体验实践，之后对这些资料加以分析，再将分析结论反馈给学习者，继续为他们的实践所用，以修正他们的行为并选择新的体验——将有效地促进学习者的学习、变化与成长。

美国教育学家库伯在勒温、杜威和皮亚杰等在各自领域中对学习模式研究的基础上，提出了"体验学习圈"的概念。"体验学习圈"所描述的学习系统是由具体经验、反思观察、抽象概括和主动应用4个基本环节构成的（图2-1）。值得一提的是，以上这些学者主要是从心理学的角度对学习过程进行探索的，而勒温的结论是以实验研究为基础的。这与我国教学理论的研究视角有很大的不同，"我国现有的教学论，名义上是研究教与学的双边活动，但实质上主要研究'教'的问题，对'学'的问题，诸如学习的性质、学习的过程、学习的动机、学习的迁移等问题，研究甚少，有的教学论著甚至不提及这些问题。"我们也切实感觉到目前学校教育过分注重理论知识的传授。

图2-1 体验学习圈

比如，通常老师在教授管理学时，只是简单地传授原理论，或者加上一些案例来证明理论的合理性，而如何在我们实际学习生活中应用该理论却做得太少。因此教学效果差强人意，没有真实的实践体验，这些理论就不能真正地内化到学习者的人格成长与发展中。

2. 体验学习理论的特征

（1）开启心灵

体验学习理论就是让受教育者能够"身临其境"，在体验中学习，在学习中体验，因此是一种潜移默化的教育。我常常会发现，学生在学习古诗文时，如果对所学课文或章节没有一定的体验，便很难从心底里去认同、理解，即便读"白发三千丈，缘愁似个长"这样的诗句也无法为之动容。而如果让学生蒙住眼睛生活半天，他们就会真切地体会到盲人需要关爱的境况，并愿意为之付诸行动。

（2）动力调节

体验是认知内化的催化剂。在体验过程中，主体已有经验与新知识衔接、贯通，达到认识升华的作用。它引领主体从物到情境，再到意境，在此过程中不断有所感悟。体验，又是教育活动中主体情感的催生剂，只有主体参与到能体验的教育活动中去，才能真正激发人的情感。体验到成功的学生，很容易从此走向更大的成功，走向积极的人生。

（3）意义建构

一方面，体验是理性思考的基础和原材料，是理性思维和感性思维的磨合剂。通过体验，能让知识生命化、个性化，学生真正"识知"。比如，学生有了对"冰雪融化、大地回春"等景象的个人体验，阅读描写春天的文章时，通过回味与思考，他们对春天的内涵就会有不一样的认识，也许会说出"春天就是妈妈早上的笑脸"这样的句子来。另一方面，体验是人内外世界交流的平台，它集合了浩瀚的信息，含有大量缄默的部分，或者说"只可意会、不可言传"的部分，而这些往往是人创造的动力和源泉。

（4）自我知觉

通过体验，学生真切地感受到自己的存在，产生自我认同感、价值感，从而增强自我意识，促进自己个性和谐发展。例如，学生在帮助学习有困难的同学的同时，感受到了集体的力量、团结的力量，个人作为该集体的一员，幸福感得到提升。

（5）知识观

迈克·波兰尼将知识划分为显性知识和隐性知识。显性知识是指那些能够以正式的语言明确表达的知识，通常表现形式有书面陈述、数字表达、列举、手册、报告等，这种知识能够正式、方便地传递和交流。隐性知识是建立在个人经验基础之上，并涉及各种无形因素的知识。隐性知识可划分为两个方面：一是技术方面的，包括非正式的、难以表达的技能、技巧和诀窍等隐性知识；二是认识方面的，包括心智模式、信念、价值观等隐性知识。这些隐性知识往往具有一定程度上的独立性和排他性。尽管如此，它们却是高度个性化的，更能体现个人能力水平，所以相较于显性知识而言，现代企业对隐性知识更加重视。

3. 体验学习理论的实践性知识观的意义

知识的理论部分和实践部分的分离，要求人才培养也要与知识本身的结构相结合，在注重知识传授的同时，也要注重学生的实践操作。党的十八大报告指出："努力办好人民满意的教育。教育是中华民族振兴和社会进步的基石，要坚持'教育优先发展，全面贯彻党的教育方针'，坚持教育为社会主义现代化服务的根本任务，培养德智体全面发展的社会主义建设者和接班人。"坚持教育为现代化服务的理念既是现代教育的发展方向，也是职业教育改革与发展的必然要求，这是由职业教育的本质特征所决定的。

### （三）情境建构主义

职业教育教学模式的发展趋势，应当是彻底摆脱技能训练和认知发展的二元论困境，寻找一种能够融理论与实践于一体，并且把学习者视为主动的工作者的教学模式，这就是情境建构主义教学模式。

1. 情境建构主义的内涵

建构主义是一个扎根于哲学和心理学的学习理论，其核心观点是学习者从经验中积极地构建自己的知识和现代意义。建构主义的核心理论有4个方面：一是知识的积累是个体积极组织的结果；二是认知是一个适应过程，它使个体能在特定的环境中更好地生存；三是个体经验通过认知的组织作用，使原有经验具有了现代意义，而不是一个精确的表征现实的过程；四是认知既有生物的、神经的结构基础，也有来源于社会的、文化的和以语言为手段的相互作用。

因此，建构主义认可学习者在个人知识创造过程中的积极角色，经验（包括社会的和个体的）在这一知识创造过程中的重要性，以及知识与其所表征的现实之间的差距。上述四个核心理论成为基于建构主义的教学、学习与认知过程的基本原则的理论基础。

情境建构主义职业教育教学模式是以建构主义学习理论和情境学习理论为基础的。只有将这两个理论结合起来，才能为职业教育教学奠定坚实的理论基础。

2. 情境建构主义的特征

情境学习理论来自两个流派，即人类学传统的情境学习理论和心理学传统的情境学习理论。蕾和萨屈曼这些人类学家感兴趣的是意义的文化建构，而科林斯、布朗、诺尔曼和克朗西这些认知科学家感兴趣的则是个体和社会层面的认知。所以，情境学习理论的特征具有以下两个流派中的共同特征。

（1）心理学传统的情境学习理论

心理学传统的情境学习理论是对信息加工学习理论的替代。两者的分歧首先体现在对知识的不同看法上。自20世纪60年代的认知革命以来，"表征"成了信息加工理论的核心概念，心理表征理论在认知科学中获得了一致认同。其基本主张是，知识是由符号、心理表征构成的，它能够脱离具体情境而独立存在。因而认知活动可被看作符号操作，这种观点使传统的信息加工理论显露出一个致命的弱点，那就是只关注神经中枢机制以及心理的符号表征，只关注有意识的推理和思考，忽视了认知的文化和物理情境，以及认知与情境之间的相互作用。

与信息加工学习理论相反，在知识观上，心理学传统的情境学习理论持一种个体与情境相互作用的动态观点，强调知识对个体与情境的双向依赖。该理论认为，人类的知识和相互作用不能从世界中剥离。否则，所研究的智力是无实体的、人主的、不真实的，缺乏实际行为特征。问题的关键是情境以及人们在其中所扮演的角色。我们不能仅仅看到情境，也不能仅仅看到个体。毕竟，人与环境之间是相互适应的。仅仅关注人，会破坏相互作用，排除情境在认知与行动中的角色。对情境认知的研究表明，学习不能跨越情境边界，学习在本质上是情境的，并由它所发生的情境构成，情境决定了学习的内容与性质，这就是心理学传统的情境理论关于学习的基本观点。按照这种学习观，建构知识与理解的关键是参与实践。

（2）人类学传统的情境学习理论

实践共同体意味着参与一种活动体系，参与者共同分享对于他们所做事情的理解，以及对于他们的生活和共同体意味着什么。这一定义可从两个方面来把握。首先，实践共同体是由个体参与所组成的完整的整体，它不仅包括知识方面，而且包括社会的、文化的方面；其次，这一共同体是真实的工作世界，而不是学校人工设计的情境。从人类学观点来看，当个体参与这种实践共同体时，学习便成为一个自然发生的过程；而按照实践共同体的真实性特点，应当把学习的地点放在工作现场。

按照心理学传统的情境学习理论，学习者所从事的实践仍然是学校的抽象任务，它与实践共同体中的任务有本质的区别；并且它是在学校情境中进行的，而不是在实践共同体中进行的。由此可见，虽然两种学习理论都非常强调情境在学习中的价值，但它们在一些具体观点上仍然存在很大分歧。然而这并非意味着心理学传统的情境学习理论对实践性学习的建构不能提供任何支持，相反，学校实践情境中的学习对于职业教育来说也是十分重要的。

3. 情境建构主义对树立学习目标的意义

归纳情境建构主义对树立学习目标具有以下指导意义。

（1）以实践为先导，以任务为本位，激发学生的学习动机

建构主义认为学生只有在原有知识结构无法满足现实问题的解决时，才发生了真正的"学习"，学生的学习是从原有学习模式到新模式的适应，有了新的适应，才有了学习动机。按照这一动机观，学生对职业知识、技能的学习动机，只能来源于实践需要。

目前职业教育教学主要采取的还是先学习理论后实践的模式。先学习理论，往往是在学生缺乏必要的经验基础上，没有体验真实职业情境的情况下进行的。学生在一定程度上很难"适应"，更无从谈论学习动机了。在这种课程模式下，学生仅有的一点学习动机只能来源

于外界的"强迫"。正确的模式应是将理论与实践相融合，在理论学习的基础上实践，从实践中体会理论、应用理论，在完全理解、适应了新的内容后，才更能激发学生的学习动机。

（2）充分认识到学生已有的知识、技能在新的学习中的重要作用

建构主义理论的核心在"建构"二字，即知识中所包含的意义不是从外界输入给主体的，而是主体自己建构的。主体新知识的建构也并不是随意形成的，而是在主体原有知识经验的基础上重新组织和调整的。如果主体缺乏某一方面的知识，那么对于这一方面的事物他将什么也看不到。比如"双元制"这个概念，对于一个没有任何职业教育知识的个体来说，最多只能获得关于它的一些表面认识（即使有这些认识，也是以已有的某些相关经验为基础的），而一位职业教育专家则能立即建构出双元制最本质的内容。

（3）强调学生自己对知识、技能的主动建构

传统职业教育教学过程观是建立在客观主义认识论的基础之上的。它认为教学便是"传授"，如何更有效的传递知识、技能，成为传统职业教育专家们致力解决的主要实践问题。这种传授是以知识、技能为出发点，强调的是学生的"接受"，而忽略了学生的接受程度及效果，建构主义认为，这种教学过程有重大缺陷。因为知识是主体在适应环境的过程中建构的，是主体赋予自己经验流的一种形式，真正的教学过程应是在教师的促进下，学生积极主动地建构自己理解的过程。

（4）鼓励学生自我管理、自我调节，加强自我意识

在建构主义看来，意义只能是自己积极建构的，因而必须强调学生在建构知识及其意义过程中的主动性，其中包括心理的自我调控和经验的自我组织。这就要求学习者"管理"自己的认知过程，形成对当前知识结构的意识。

传统职业教育的教学与管理非常强调学生的服从与接受，这是流水线生产理念影响的结果。知识经济时代的劳动者，不再是只会接受命令和任务的简单操作者，而是具有一定创造性的自主型劳动者。显然，无论是强调技能训练的行为主义，还是强调客观知识学习的认知

主义，都无法为培养这种素质的劳动者提供理论基础，而只有建构主义和情境理论强调真实情境中学习过程的主动建构，强调学习结果的弹性，鼓励学生自我管理、自我调节，加强自我意识，才能为之提供很好的理论说明。

（5）促使教师提供机会并鼓励学生对学习内容有多重观点和表征

在建构主义看来，没有事先存在的"真理"，知识的意义只有在多种关系中进行体验才能得到建构。这就需要给学生提供发展多重表征的原始材料，因为多重表征给学生提供了获得知识和发展的多种能力，以及发展与经验相关的更为复杂的图式途径。这对职业教育教学的意义是，对同一个知识或技能，教师要提供大量练习的机会，以及从动作到符号用不同层次表征系统进行表征的机会。

（6）允许教学过程有一定的弹性

按照建构主义的观点，既然意义是依靠主体已有的知识经验去建构的，而不同的主体知识背景不同，因而对同一个对象，不同个体所建构的意义是不一样的。从这个意义上说，应当允许职业教育教学过程具有一定弹性。尤其在职业技术活动中，尽管要求劳动者严格按照程序来操作，为此还制定了严格的操作要求、规范，但实际上这是不可能的。如果把两位技术非常娴熟的工人的操作过程用摄像机记录下来，然后进行仔细比较分析，就会发现他们在具体动作上并不是完全一致的，但他们生产出的产品质量却可能是一样的。在服务业的劳动过程中，这一现象表现得更加突出。

允许职业教育课程目标具有弹性，实际上是允许劳动过程具有弹性。这不仅是认识论的要求，而且是人性化生产的要求，同时也是发挥个人潜能、提高生产质量和效益的要求。但是，不管劳动过程如何有弹性，劳动结果（产品）都必须符合标准。

（7）教学应尽可能在真实的职业环境中进行

目前的职业教育中，课堂教学仍然占很大比重。采取这种方式教学，不仅学生难以真正掌握专业理论，而且容易造成理论与实践的严重割裂，使得理论学习与实践学习成为形式上的两张皮，这就使教学效果大打折扣。

职业教育是致力于学生职业素养、职业技能以及就业竞争力的培养，真实的教学环境不仅能提供专业的设备和场所，更重要的是让学生在真实的职业环境中养成良好的职业习惯，成为合格的社会主义建设者。强调职业教育教学环境的真实性，对个体职业能力的终身发展也有十分重要的意义。

**（四）西方教育中的实用主义哲学**

1. 实用主义哲学的内涵

新实用主义与早期实用主义一样，其价值内涵在一定程度上反映了务实求效的精神。从理论上看，实用主义的务实求效精神首先体现在提出问题的"实践"的目的性上。杜威一再强调，要在"问题状况"下研究哲学，就要带着认知、教育、社会中的实际问题去求得理论的说明和解决的方法。问题只有和实践相关，才有探索的意义。当代实用主义的代表人物在这一点上与杜威完全一致。

2. 实用主义哲学的基本特征

（1）拒斥传统形而上学

从实用主义的基本价值取向出发，实用主义者认为传统哲学把主体与客体、精神与物质的关系割裂了，把原本不该分开的东西分开了。在哲学发展中，人们因为形而上学哲学使用了许多无法用效果来确定其意义的纯粹抽象的观念，在以上形而上学的问题上争论不休。皮尔士认为，这些观念或者是无意义的，或者是荒谬的。

（2）注重行动与经验

实用主义认为，哲学在探讨与人的活动相关的问题时主要应当从人的行动出发，不能像传统哲学那样着重于对人的思想或人的理性的考察。哲学的目的是人——以人为本，只有人才是哲学的中心。人要生存，就首先必须面对和解决生活中遇到的各种各样的问题，人的行动产生一切，也只有通过行动，才能实现人生的要求。可以说，人的本质在于人的行动。要从人的行动理解人的一切，说明人的一切。因此，哲学要对人有实用价值，给人以智慧，帮助人学会如何应付环境、改造环境，取得成功。

(3) 主张"效用真理观"

在实用主义者看来，真理与谬误的不同在于：按照真理行动，人能达到目的地而不迷路。只要能证明对人生有任何效果，它就有一定意义；只要这意义是适用的，它就有一定真理。杜威也说过，真理即效用。他还指出，这里的"效用"指的不仅是对个人的效用，更是社会公众改造经验的效用。实用主义把理论的意义建立在效果的基础之上。皮尔士在其著名的"实用主义公式"中指出："概念意义与效果有着内在的联系，我们思考事物时，如要把它完全弄明白，只需考虑它含有什么样可能的实际效果，即我们从它那里会得到什么感觉，我们必须准备做什么样的反应。"

3. 西方教育中的实用主义哲学对中职学生树立学习目标的意义

(1) "求实主义"哲学观的影响

实用主义继承和发展了英国近代经验主义哲学传统，但它不是一般的重复经验论原则，而是进一步将经验范畴具体化为个人、个人行动（或活动）及其境况的实效、方便等结果分析。它鄙视古典形而上学和抽象思辨的哲学世界观，主张一切从"实利""可行"和"效用"出发，来考虑一切与人生和社会有关的对象、活动、关系。因此，除了研究有益于人生目的之实现的思想、观念、欲望、心理和情感之外，哲学并无任何别的意义。中职学生树立学习目标更要坚持可操作性、实用性，而不能仅仅成为口号，应该将这种人才培养模式与社会、学校、学生、职业、岗位紧密结合，在合理验证分析的基础上进一步开发。

(2) 真理（意义）多元论和相对论的影响

"有用即真理"是实用主义的至理名言。"用"者即是检验真理的标准。任何事物都具有多重意义和可欲求的价值，因而其真理意义不是唯一的、绝对的，而是多元的、相对的。一切为我所用，一切偶然不定。哲学的崇高不在于确定性中寻求多种可能性的真理和价值，为人们提供丰富的可能性机会和创造性余地。

因此，实用主义鼓励冒险、探险，力图展示不定的未来可能性前景，反对既定的原则和先验绝对的预设，反对因循守旧、故步自封。中高职贯通人才培养模式还在摸索中前进，在发展的过程中肯定会遇到这样那样的困难，但解决困难恰恰是该模式一步步走向成熟的标志，因此，该模式的成长，需要我们勇敢突破，踏实迈进。

（3）个人主义价值观的影响

实用主义哲学反对一切"整体性"和权威主义，崇尚"宇宙的不完整性"和事物的"特殊化"：个人主义价值观在个人价值和经验的基础上，强调个体的独立性以及主导性，每个人都是自己的主角而不是配角。换言之，社会只是个人"表演"的舞台，且舞台本身并不是中心，它的意义只在于使个人的表演充分和完善。所以，它偏爱个体、具体、特殊、创造、尊严、独立思考和自主行动，厌恶一般、抽象、普遍、权威、屈从、依赖性和被动感。中高职贯通培养的每个学生亦是如此，尤其在工学结合人才培养模式下，学校必须根据每个学生的特点有针对性地进行指导，并让每个学生在不同的岗位上体现自己的价值，从而在提高职业技能的同时，培养较高的职业素养。

（4）行动主义实践观的影响

行动主义突出人的行动（acting）、创造（making）和做（doing）的现在进行时态，强调"在学中做，在做中学"，换句话说，它所追求的哲学角色是动态的、实际的、不断变化的，而不是静止的、虚幻的和永恒的。中高职贯通培养的性质决定了教学活动的实践性、行动性，学生在工学结合人才培养模式下，更应该坚持这一理念，理论与实践相结合，知识与技能相结合，自身素养与岗位需求相结合，在行动中实现自身价值。

（五）成就目标理论

1. 成就目标理论

（1）成就目标理论的基本内容

学生的学习在大多数时候是有明确动机的。阿特金森认为，当人们用较高的社会标准评价自己行为的成败时,就表现出成就动机。20世纪80年代,尼科尔斯提出了从属于归因理论的能力理论,为成就目标理论的提出奠定了基础。

能力理论认为,在影响成就动机的众多因素中,能力是最关键的因素。人们在成就情境中,会产生两种感觉:能力的差异感觉和无差异感觉。能力的差异感是指个体面对成就情境时,对自己的能力水平形成的一种高（或低）的判断。有这种感觉的个体把追求高能力表现作为自己的目标。能力的无差异感是指个体把完成任务和学习作为行为的目标,能力只是完成任务的一种手段,在完成任务或学习的过程中对能力的提高是很重要的。

德丰克认为,由于学生对本身能力认识的差异,因此在学习时经常自发地选择不同的目标,他把学生追寻的成就目标分为学习目标与成绩目标。虽然研究者喜欢使用不同的名称,如尼科尔斯把这两种目标称为任务目标和自我目标,但对这些目标含义的理解是基本认同的,他们认为学习目标以学习知识作为增加人的能力、理解力和判断力的手段。成绩目标则把超过他人作为与同辈竞争时提高个人能力和地位的手段。学习目标强调学习、提高自身的素养,掌握技能和各种能力的发展,而成绩目标强调社会比较、获得高评价并避免低评价。持有成绩目标的学生认为人的能力是天生的、固定不变的,他们主要关心的是向别人展示他们的能力,或改变别人认为他们没有能力的看法,因而积极搜集与能力有关的证据以获得对自己能力有利的评价,避免消极评价。持有学习目标的学生则认为,能力是可以培养、变化和发展的,他们主要是通过学习过程中对新知识的掌握来提高完成任务的能力。

（2）两种成就目标的比较

在成就情境中,与成就目标的划分相一致,学生采取两种不同的动机模式:掌握模式和无助模式。德韦克认为,持学习目标取向的学生,其动机模式是掌握模式,他们关心"如何尽快地提高自己的能力",关心学习过程。持成绩目标取向的学生,其动机模式是无助模式,他们关心"自己的能力是否充分",关心学习的结果。相类似,艾米斯提出了适应性动机模型与非适应性动机模型。

采取不同目标定向的学生,其学习行为、学习策略、对学习结果的归因以及情绪状态均表现出差异。

采取学习目标定向的学生能够在学习时进行自我调节,这种自我调节使他们能够监控自己正在学习的知识是否能帮助其完成任务。他们倾向选择困难的任务而不是简单的任务,他们对学习的过程充满兴趣,面对挑战时会采取积极的行动,面对困难时不轻易认输。在学习时,他们会对知识进行深层次、高水平的策略加工。在归因方面,他们相信努力是成功的关键,在竭尽全力的情况下,即使失败也不能说自己没有实力,只是由于自己没有使用正确的学习策略,从而需要调整自己的学习策略。他们对别人偶尔的失败也能作积极的、正确的归因。采取学习目标取向还有一个好处,即可以延伸到情感反应,例如,学习目标与获得成功后的自豪和满意程度呈正相关,与失败后的焦虑呈负相关。学习目标定向鼓励学生"去探索、创造和追求能提高智力的任务",而不是把眼光仅仅放在考试的分数上。

在阿特金森和麦克利兰的成就动机理论中,划分了两类动机:追求成功的动机和避免失败的动机,追求成功和避免失败之间的情感冲突决定着成就行为的方向、强度和质量。埃利奥特和哈罗克维茨1996年对成绩目标进行了划分,认为成绩目标可以分为成绩—接近目标与成绩—回避目标。持成绩—接近目标取向的学生通常是自信的,他们关注学习的结果,想通过超越别人来显示自己的能力,他们采取的学习策略与持成绩—回避取向的学生一样,与知识表面的加工相联系,但由于他们倾向于热情地去学习,会利用额外的时间,并且付出了很多努力,从而弥补了由死记硬背带来的低效率,进而能获得好成绩。他们对成败进行能力归因,取得不良成绩时会产生消极情绪,如害羞和局促不安。持成绩—回避取向的学生通常是不自信的,他们回避挑战,对任务和学习态度是消极的。这类学生倾向于选择简单的任务,常采用自我阻碍策略,如拖延学习和建立无法实现的高成就目标。为了尽量避免产生过多的焦虑,如果有可能,他们将回避工作,以避免失败,他们对困难的坚持性低,当面临失败时,他们采取的一般策略是放弃努力。成绩目标取向的学生使用表面的学习策略,如机械背诵等进行学习,对知识进行表面的机械的加工,这可能会使他们在短期内获得好的分数,但从长久来看对学业成绩的影响是消极的。因此,从自我保护的角度,成绩取向的学生,不管是接近型还是回避型,都被能否胜任工作所驱使,为了保留面子,持成绩—接近取向的学生通过追求成功来避免失败,持成绩—回避取向的学生用回避挑战来避免失败,如果他们失败了,就把失败的原因归于没有付出太多的努力而不是自己没有能力。

2. 影响课堂成就目标的因素

成就目标取向受个别差异的影响或受情境暗示的诱导已经得到证明。艾米斯认为,影响学生成就目标的课堂结构因素主要有:课堂任务、学习活动的设计、评价学生的方式以及课堂中的责任定位。

课堂任务的性质是影响学生采取何种目标取向的首要因素。艾米斯认为,课堂任务常常会引导学生对自身的能力、是否采用与努力相关的策略以及对学习结果的满意程度做出判断。具有变化性和差异性的任务更容易激发学生的兴趣,促使他们制订学习目标。

评价学生的方式是影响他们目标取向的重要因素。艾米斯指出,目前课堂学习中对学生的评价往往是以成绩为标准的,这在客观上鼓励了学生采取成绩定向,例如,一个老师可以告诉所有的学生通过努力来取得成功(学习暗示),但同时又不自觉地挑选出更有能力的学生(成绩暗示)作为榜样。教师对学生自律所持的态度以及教师让学生参与决策的程度也直接影响学生的目标取向,艾米斯还指出,具有自律意向的课堂背景与学生所持的内在动机之间呈正相关。

3. 课堂情境中学生学习目标的确立

以成就目标理论为参照,教师可以通过控制课堂教学的各个方面来鼓励学生采用利于自身能力发展的学习目标,引导他们使用有助于知识的融会贯通和长久保持的高水平深加工策略,提高学生的学业成绩。

第一，从课堂任务来看，给学生设置适合其能力发展的任务。课堂教学肩负着传授知识和培养能力的双重任务，特别是创新教育的提出，对学校教育提出了更高的要求，即培养创造性人才。创造性思维是创造性人才具备的核心能力，如何在课堂教学的有限时间里培养学生的创造能力，成为学校教育研究的热点问题。在课堂教学中引导学生进行创造性思维涉及教学设计的问题。对于相同的学习任务，不同的教学设计会产生不同的教学结果，进而影响学生成就动机定向。这就要求教师要善于根据教学内容创设问题情境，为学生设置利于能力发展的学习任务，这种任务应该是有意义的，并且具有适宜的难度。有意义指学习任务的完成能引发学生进一步的思考，能对下一步的学习产生正迁移。这是因为从学科知识学习的角度来看，学生原有的知识与新知识之间存在一定的联系，如果新旧知识之间能够产生正迁移，学生就会乐于学习新知识，学起来也会感到轻松愉快。因此，在课堂教学中，教师不应仅仅局限于课堂教学的表层任务，在规定的时间里传授既定的知识，转告确定的答案，而且要关注课堂教学的深层任务，以完成一节课的课堂任务作为学习新知识的起点，侧重完成那些能引起知识学习产生正迁移的任务，让学生在学习知识的过程中不断挖掘自身的学习潜力与发展能力。有适宜的难度是指针对学生已掌握的知识结构，给学生设置具有挑战性的任务，让他们在有限的时间内大致重复知识产生的过程，引导他们从已知推论未知。在这个过程中，积极不懈的思维活动是必需的。由此，学生处于主动学习状态，会进行学习目标定向而非成绩目标定向，会主动关注学习的过程，在学习的过程中体验自主感、成功感和愉悦感，为进一步求知奠定坚实的知识基础和积极的情绪基础。

第二，从布置任务的方式来看，采取有利于学习目标定向的分层布置方式。在任何课堂中，学生的成就目标取向都不是整齐划一的，由于种种因素的作用，必然有学生采取学习目标定向，也有学生采取成绩目标定向，课堂教学中教师的所作所为不能决定学生究竟采取哪种目标定向，只能在一定程度上加以影响。

艾米斯举例说明了教师布置任务的方式可能对学生成就目标取向的影响。分层布置任务的方式有利于学生采取学习目标定向。课堂教学中的总目标可逐个分解为子目标，教师布置课堂任务的时候可以给学生呈现总目标让学生完成，也可以一步一步地呈现子目标，尤其是难度较大的任务可能超越了部分学生现有的知识结构和能力，面对这样的任务，学生会产生畏惧心理，采取自我阻碍策略，在学习上表现出拖拉，甚至放弃努力，因为在这种情况下，其他人也不可能期盼成功。如果对问题的难度进行分解，先呈现难度较低的子任务让学生完成，再呈现下一步的任务，即使学生不能立即解决问题，但通过教师的指导，问题得到解决，学生就会树立进一步学习的信心，产生继续完成下一步子目标的愿望。通过这样的过程，学生解决的问题由易到难，注意力被学习过程本身所吸引，就会对学习产生浓厚的兴趣，不会因为只付出了少量努力，侥幸解决了问题而沾沾自喜，在学习过程中逐渐对自身能力进行积极、客观的评价，相信能力不是天生、固定不变的，而是可以培养、变化和发展的，将目光集中在掌握新的知识和提高自己的能力上，而不是由于害怕失败而逃避学习。

第三，从对学生的评价来看，既要注重评价的内容，也要注重评价的方式。评价的内容直接影响学生学习采取哪种学习策略和成就目标定向。对学科教学来说，考什么、如何考的问题至今在世界范围内都是备受关注的，也是集众多争论于一身的问题，这一点我们可以从标准化考试运动的兴起和徘徊中找到证据。学校里通常用考试来评价学生的学习，考试的题目能否真实地反映学生对知识的掌握，学生对试题的作答过程能否体现学生实际的能力水平，成为20世纪80年代以来各国教育工作者探讨的问题，也成为教育测量与评价研究的热点问题。一般来说，考试考什么就学什么的学生，往往把注意力集中在考试的范围上，认为不考的内容是不值得学习的，采取的是成绩目标定向。要想使学生采取学习目标定向，教师首先要区分教学中的两类知识，探究这两类知识本身的特点和学生在掌握与运用这两类知识时的心理过程，把学生的注意力吸引到学习活动上来，使学生确实树立起"考试只是手段而不是目的"的观念。

安德森把知识分为陈述性知识和程序性知识。陈述性知识是关于"是什么"的知识，它反映事物及其关系，包括对事实、规则、事件等信息的表达。程序性知识是关于"如何做"的知识，它反映完成某项任务的行为或操作步骤。在传统考试中，考察学生的陈述性知识很多，题目也容易出，评价这种知识的掌握是要看学生能否叙述出知识的内容，越接近书本上的陈述，得分越高，这实际上是在考学生的记忆力，由此而导致学生在学习时，至少在考试前采取死记硬背的学习策略。而当学生学完一门课程，经过一段时间，保留在头脑中的常常是一些程序性的知识，这些知识的掌握恰恰在传统的考试中不被充分体现。而且，当学生走出校门，面对真实问题的解决，需要的往往是程序性知识的再现。因此，如何教好程序性知识，如何考察程序性知识，可能成为考试改革的突破口，也是引导学生能否采取学习目标定向的关键。对学生评价的方式既可以让学生体会教学的具体要求，又暗示了学生教师所看重的是什么，因此获得何种评价成为影响他们目标取向的最突出因素之一。一般来说，对学生的评价方式有形成性评价和总结性评价两种方式。教师通常喜欢做总结性评价，评判学生的成绩或不足，给学生打分，将学生置于同伴比较地位，使得学生把大量的时间和精力花费在关心他人的分数上，将注意力指向成绩目标，而非学习目标。这无疑会给学生留下教师推崇的是优异的学习成绩的印象，而不管优异的成绩是通过何种策略而来的，这样做的结果是在下一步的学习中，学生可能采取肤浅的学习策略来达到成绩目标，以获得教师和同伴的积极评价，避免消极评价。相反，教师如果在学生学习的过程中针对学生的学习策略、学习所取得的进步经常对学生进行形成性评价，分阶段、视具体情况，为学生提供有关优点和缺点的有用信息，就会引导学生进行自我比较，看到自己在学习中的进步，使学生相信只要付出了努力就会取得成功，形成积极的自我评价和情感体验，稳固学习目标定向。

总之，成就目标理论将成就目标划分为学习目标和成绩目标，探讨了学生面对成就情境采取动机取向的认知因素，就持不同取向的学生的学习行为、采用的学习策略、对成败的归因、对困难的坚持性以及面对失败表现的情绪状态等问题进行了深入的研究，这些研究的结果对教师如何组织课堂教学具有一定的指导意义，对引导学生进行学习目标定向，促进学生学业成绩和学习能力的提高都具有重要的价值。如果教师在课堂教学中设置适当的任务，以恰当的方式完成任务，采取有效的评价学生的方式，那么将会有助于学生采用学习目标定向。

### 三、学习目标与培养目标的区别

学习目标和培养目标是不同的概念。学习目标既是学习的出发点，也是学习的归宿。确立具体明确的学习目标是每个学生的首要学习任务。目标越明确、越切合自己的实际情况，其学习行动的每一次努力越能够获得成功，在成功中体验学习的喜悦，人生从此充满了活力、激情，变得更有意义。

培养目标，是指依据国家的教育目的和各级各类学校的性质、任务提出的具体培养要求。它是由特定社会领域和特定社会层次的需要所决定的，也随着受教育对象所处的学校类型、级别而变化。为了满足各行各业、各个社会层次的人才需求和不同年龄层次受教育者的学习需求，才建立了各级各类学校。各级各类学校要完成各自的任务，培养社会需要的合格人才，就要制订各自的培养目标。

例如，制冷和空调设备运行与维修专业学生的学习目标为：通过学习本专业开设的公共基础课、专业技能课，将自己培养成为面向制冷和空调行业及相关技术服务企业，能从事制冷和空调设备的安装、调试、维修、运行操作及产品销售等生产与服务一线工作的，德、智、体、美全面发展的高素质劳动者和技能型人才。

而该专业学生的培养目标为：本专业主要面向制冷和空调行业及相关技术服务企业，培养从事制冷和空调设备的安装、调试、维修、运行操作及产品销售等生产与服务一线工作的，德、智、体、美全面发展的高素质劳动者和技能型人才。

案例

## 响当当的汽车修理技师

北京市汽车工业学校　庞龙

我叫庞龙，因为从小就爱汽车，所以我学了跟汽车有关的专业。我的优点是：身体素质好，喜欢打篮球，动手能力强。我的缺点是：学习成绩不太好，贪玩，懒得学理论。

现在，我是一个学习成绩不太好的学生，但动手能力还可以，性格开朗，身体健康，非常喜欢玩，可以不分白天黑夜地玩。一提到学习我就头痛，懒得看书。可是一提到篮球，我就开心得不得了。

我希望自己能成为一个勤快的人，静下心去做事的人。我要改正缺点，努力学习，发挥动手能力强的优势。未来我会努力使自己的明天更加光明。

我家在农村，村子紧挨着国道，来往的汽车很多，路边有几个汽车维修部。我常去维修部看师傅怎么修车，不过在那儿很难看到好车。现在在学校我大开眼界，学校里不但有好车，而且能打开看到车的里面。许多进口的测试设备，让我心痒、手痒，老盼着上实训课。

我目前的能力与汽车维修这个职业的要求差距还很大，要进入汽车维修这行发展，不但要发扬我动手能力强的特点，还得多看书，现在的新车型、新技术很多，如果不多学点，将来肯定会落伍。

我想当一名优秀的汽车维修技师，而且要当最好的。有人说我没志气，可我不这么想，现在满大街都是汽车，而且数量越来越多、档次越来越高，没修车技师怎么成？！

我的职业目标就是不管到哪儿去修车，我都会认认真真地修，把自己选择的这份工作当作生活的一部分。我会认真地对待每一辆车，就像对待自己的身体一样，让别人把爱车送到我这里来都放心，又让他们高高兴兴地把自己的爱车从我这里开走。他们取车时，还能从我这里知道为什么会出现这种毛病，平时怎么使用才不会出这种毛病，这也算一项优质服务吧。

好好学习是我个人发展的第一步。我会学好各种修车技术，不但要不断提高我的动手能力，掌握修车的要领，还得知道车辆损坏的原因，做到触类旁通。无论是汽车发动机的拆装、更换、总成，还是大修、小保，样样都会，活干得漂亮，并且遵守修车的行规，讲究修车的职业道德，只有这样，我才算是一个优秀的修车人。

我明白，现在要珍惜在校学习的机会。毕业后不但要拿到毕业证书，还得取得汽车维修的职业资格证书，为今后考取技师证、高级技师证打好基础。

只要努力地超越现在的我，就一定能造就未来的我。我要不断地超越现在，用自己的实力去打造我的未来。我会向着目标向前冲，我相信自己会成功！我相信世上无难事，只怕有心人。

我希望人人都知道我的修车技术好，车坏了就马上想到："快送到庞龙所在的维修厂！"这是我的追求，而不是梦！

资料来源：何兆述，师振华. 职业生涯规划与设计. 北京：中央广播电视大学出版社，2015.

在该案例中可以看出，庞龙是一个目标明确的学生，但是就其学习目标而言，他制订得过于笼统，将学习目标和职业目标、培养目标混为一谈。该学生知道自己努力的方向，但是如何通过学习具体实现，并没有规划好。

## 四、中职学生的职业学习

中职学生的职业学习，离不开中职学生和中职学校这两个要素。当今中等职业教育的对象和以往相比，发生了较大的变化。20 世纪50 年代至 90 年代初期，中等职业教育的对象是初中阶段学习成绩出类拔萃的学生，而现在的中等职业学校的学生，是初中阶段学习成绩较差的学生。

当前我国的职教体系还有很深的学科教育体系烙印，在学校方面，职业学习还普遍存在三大瓶颈。

① 教学资源方面：学习资料和实操设备缺乏，主要表现在校本学

习材料（教材）缺失，实验操作设备数量不足。

② 教师方面：教师数量不足，教学能力不够完善（比如，实行小班教学教师数量就明显不够）。

③ 教学管理方面：教学资源安排难度加大，教师考评制度不够完善。

(一) 学校教学情况

1. 中等职业学校的教学计划和课程设置

中等职业学校开设的 70% 课程是依据教育部有关教学文件和专业教学指导方案制定的，近 60% 由学校与企业合作制定，学校自行设计的也占相当的比例。

中等职业学校平均开课学时为 3 029 学时，文化课与德育课平均为 1 056 学时（德育课平均为 172 学时），占总学时的 34.9%（其中德育课占总学时的 5.7%）；专业理论课平均总学时为 912 学时，占总学时的 30.1%；专业实践课平均为 1 061 学时，占总学时的 35%。中职学校各类课程实际学时及其比例详见表 2-2。

表 2-2　中职学校各类课程实际学时及其比例（多选）

| 德育课 | | 文化基础课 | | 专业理论课 | | 实践课 | | 合计学时 |
|---|---|---|---|---|---|---|---|---|
| 学时 | 比例 | 学时 | 比例 | 学时 | 比例 | 学时 | 比例 | |
| 172 | 5.7% | 884 | 29.2% | 912 | 30.1% | 1 061 | 35% | 3 029 |

2. 当前中职教学中存在的主要问题

当前教学中存在的主要问题见表 2-3。

表 2-3　当前教学中存在的主要问题（多选）

| 序号 | 主要问题 | 比例/% |
|---|---|---|
| 1 | 学生学习基础差，教学目标难以达到 | 62 |
| 2 | 忽视课程的实用性，找不到与专业知识和生产实际的切合点 | 46 |

续表

| 序号 | 主要问题 | 比例/% |
| --- | --- | --- |
| 3 | 教学内容过于强调学科知识体系，与专业课程关系松散，缺乏针对性 | 44 |
| 4 | 教师对专业相应岗位群的职业技能要求了解甚少，教学缺乏职业特色，难以适应相应职业岗位群对人才技能培养的要求 | 43 |
| 5 | 注重理论教学，学生缺少实验实践的机会 | 43 |
| 6 | 考核方式以笔试为主，对学生专业成绩评价方法单一 | 38 |
| 7 | 教学内容陈旧，没能将与生产实际相关的前沿知识及时引入，缺乏时代特色 | 37 |
| 8 | 教学方法、手段落后，教学效率低 | 25 |

3. 结论

（1）中职教育具有鲜明的平民教育特点

中等职业学校的生源主要是城乡中、低收入家庭，60%以上的学生为工、农子弟，父母文化程度为初中和初中以下的占绝大多数。70%以上的家长希望子女通过学校培养获得一技之长，能够自立；希望子女继续上大学的仅占25%。显然，中等职业教育具有鲜明的平民教育的特点，属于弱势群体。

（2）中职学校新生文化程度参差不齐，且总体偏低

近70%的学生达不到当地普通高中录取分数线。实际上有相当比例的学生未达到九年义务教育的水平，这也增加了中等职业教育教学工作的困难。

（3）中职学校教师队伍

中职学校编制偏紧，教师的学历结构、职称结构和双师型教师的相比仍有较大差距，这已成为深化教学改革，提高教学质量的制约因素。

（4）中职教学改革以就业为导向、以能力为本位，强化技能培养

各专业的文化基础课和德育课、专业理论课、专业实践课三类课

程学时之比平均为3.5:3:3.5，与教育部颁发的教学文件（〔2000〕2号文）规定的4:3:3相比，文化基础课学时有所减少，专业实践课得到加强。这反映了当前中职教学改革以就业为导向、以能力为本位，强化技能培养的方向。

（5）教学观念有待进一步转变

一些学校仍把职业教育视为普通学历教育，重视知识传授，而轻视技能培养。

**扩展学习**

## 企业对毕业生质量的要求

根据抽样调查的结果，企业对中等职业学校毕业生的能力和态度的要求如下。

高：积极好学，具有较好的敬业精神、工作态度和工作责任心，这4项都是对态度的要求。

较高：具有安全生产意识，注重质量、效益的意识，协调合作能力，法纪观念，这4项主要是职业意识。

偏上：解决问题的能力，设备操作和工具使用能力，独立工作能力，文化知识与人文素质要求。

一般：处理合同任务的能力，记录归档评估资料和技术表达的能力。

企业对毕业生的能力和态度的要求见表2-4。

表2-4 企业对毕业生的能力和态度的要求（多选）

| 项目 |
| --- |
| 积极好学 |
| 解决问题的能力 |
| 敬业精神 |
| 工作态度 |
| 处理合同任务的能力 |
| 安全生产意识 |

续表

| 项目 |
|---|
| 对技术资料的记录、归档、评估和技术表达的能力 |
| 对设备的操作和器具的使用能力 |
| 独立工作的能力 |
| 注重质量、效益的意识 |
| 协调、合作能力 |
| 责任心 |
| 法纪观念 |
| 文化知识与人文素养 |

企业对6项职业素质重视程度的排序为：

① 职业道德与工作态度；

② 专业操作技能；

③ 学习新知识、新技能的态度；

④ 相关专业知识；

⑤ 文化知识与人文素养；

⑥ 组织协调能力。

企业在回答"今后学生应更多地学习哪些知识和技能"的问题时，突出强调了实践性技能的重要性，有93%的单位把它列为重要项目，其次是专业理论知识占62%。

企业对教学工作的建议见表2-5。

表2-5 企业对教学工作的建议（多选）

| 建议 | 比例/% |
|---|---|
| 以市场为导向，了解企业需要，有针对性地设计教学内容，培养职业技能 | 36.8 |
| 加强综合素质培养（包括文化基础课、文化素养、组织协调能力、社交能力、沟通合作能力、竞争意识、创新意识、市场化意识、法律意识） | 29.6 |
| 理论与实践更好地结合，加强理论知识学习，加强实践性教学环节 | 23.6 |

续表

| 建议 | 比例/% |
|---|---|
| 加强思想道德、职业道德（包括敬业精神、诚信、吃苦精神）、心理健康教育 | 23.2 |
| 加强校企合作，工学结合，半产业化教学 | 8.0 |

### （二）中职课程建设与改革

中职专业课程设置分为公共基础课和专业技能课。公共基础课包括德育课、文化课、体育与健康、艺术（或音乐、美术），以及其他自然科学和人文科学类基础课。专业技能课包括专业核心课和专业（技能）方向课。实习实训是专业技能课教学的重要内容，具体包括校内外实训、顶岗实习等多种形式。

常见的公共基础课有：职业生涯规划、职业道德与法律、经济政治与社会、哲学与人生、语文、数学、英语、计算机应用基础、体育与健康、艺术（或音乐、美术）……公共基础选修课1、公共基础选修课2。

课程改革是一项系统工程，不但要有正确的指导思想，还需认清矛盾所在，针对矛盾，统筹规划，综合治理才能收到较好的效果。新一轮中职课改的主导思想应当是以全面素质教育为核心，以职业能力培养为重点，以技能训练为特色。因此，中职院校课程改革应创新"校企结合，工学结合，顶岗实习"的人才培养模式，注重学生职业能力培养，积极推进教师对传统课程的改革，将构建的"课程、项目、岗位"一体化课程体系作为核心任务，使专业课程切实体现职业领域岗位实际要求，为培养中职高素质技术技能型人才奠定坚实的基础。

**扩展学习**

### 教育部办公厅关于制定中等职业学校专业教学标准的意见

教职成厅〔2012〕5号

各省、自治区、直辖市教育厅（教委），新疆生产建设兵团教育局，各行业职业教育教学指导委员会：

为贯彻全国教育工作会议精神和教育规划纲要，建立健全教育质量保障体系，提高职业教育质量，我部成立了中等职业学校专业教学标准制定工作领导小组和专家组，启动中等职业学校专业教学标准（以下简称专业教学标准）制定工作。专业教学标准是指导和管理中等职业学校教学工作的主要依据，是保证教育教学质量和人才培养规格的纲领性教学文件。为做好专业教学标准的制定工作，现提出以下意见。

一、指导思想

落实党的十八大精神，以科学发展观为指导，全面贯彻党的教育方针，落实教育规划纲要的要求，坚持以提高质量为核心的教育发展观，坚持以服务为宗旨、以就业为导向，充分发挥行业企业的作用，推进中高职协调发展，加快现代职业教育体系建设，保障人才培养质量，满足经济社会对高素质劳动者和技能型人才的需要，全面提升职业教育专业设置、课程开发的专业化水平。

二、基本原则

1. 坚持德育为先，能力为重，把社会主义核心价值体系融入教育教学全过程，着力培养学生的职业道德、职业技能和就业创业能力。

2. 坚持教育与产业、学校与企业、专业设置与职业岗位、课程教材内容与职业标准、教学过程与生产过程的深度对接。以职业资格标准为制订专业教学标准的重要依据，努力满足行业科技进步、劳动组织优化、经营管理方式转变和产业文化对技能型人才的新要求。

3. 坚持工学结合、校企合作、顶岗实习的人才培养模式，注重"做中学、做中教"，重视理论实践一体化教学，强调实训和实习等教学环节，突出职业教育特色。

4. 坚持整体规划、系统培养，促进学生的终身学习和全面发展。正确处理公共基础课程与专业技能课程之间的关系，合理确定学时比例，严格教学评价，注重中高职课程衔接。

5. 坚持先进性和可行性，遵循专业建设规律。注重吸收职业教育专业建设、课程教学改革优秀成果，借鉴国外先进经验，兼顾行业发展实际和职业教育现状。

### 三、专业教学标准内容

专业教学标准包括以下主要内容：专业名称、入学要求、基本学制、培养目标、职业范围、人才规格、主要接续专业、课程结构、课程设置及要求、教学时间安排、教学实施、教学评价、实训实习环境、专业师资等（详见附件1）。

### 四、主要内容说明

#### （一）入学要求与基本学制

全日制中等职业学校学历教育主要招收初中毕业生或具有同等学力者，基本学制以3年为主；要建立更加灵活多样、满足学生需求的学习制度，积极推行学分制等弹性学习制度，建立"学分银行"，允许学生采用半工半读、工学交替等方式，分阶段完成学业。

#### （二）培养目标的总体要求

中等职业学校培养与我国社会主义现代化建设要求相适应，德、智、体、美全面发展，具有综合职业能力，在生产、服务一线工作的高素质劳动者和技能型人才。他们应当热爱社会主义祖国，能够将实现自身价值与服务祖国人民结合起来；具有基本的科学文化素养、继续学习的能力和创新精神；具有良好的职业道德，掌握必要的文化基础知识、专业知识和比较熟练的职业技能，具有较强的就业能力和一定的创业能力；具有健康的身体和心理；具有基本的欣赏美和创造美的能力。

各专业的教学标准应按照培养目标的总体要求，进一步明确本专业的具体培养目标。

#### （三）课程设置与要求

中等职业教育是高中阶段教育的重要组成部分，其课程设置分为公共基础课程和专业技能课程两类，专业技能课包括专业核心课和专业（技能）方向课。

公共基础课程包括德育课、文化课、体育与健康课、艺术课及其他选修公共课程。课程设置和教学应与培养目标相适应，注重学生能力的培养，加强与学生生活、专业和社会实践的紧密联系。

德育课，语文、数学、外语（英语等）、计算机应用基础课，体育与健康课，艺术（或音乐、美术）课为必修课，学生应达到国家规定的基本要求。物理、化学等其他自然科学和人文科学类课程，可作为公共基础课列为必修课或选修课，也可以多种形式融入专业课程之中。不同专业还应根据需要，开设关于安全教育、节能减排、环境保护、人口资源、现代科学技术、管理以及人文素养等方面的选修课程或专题讲座（活动）。公共基础课程必修课的教学大纲由国家统一制定。

专业技能课程应当按照相应职业岗位（群）的能力要求，采用专业核心课程加专业（技能）方向课程的课程结构。课程内容要紧密联系生产劳动实际和社会实践，突出应用性和实践性，并注意与相关职业资格考核要求相结合。专业技能课程教学应根据培养目标、教学内容和学生的学习特点，采取灵活多样的教学方法。部分基础性强、规范性要求高、覆盖专业面广的专业核心课程的教学大纲由国家统一制定。

实训实习是专业技能课程教学的重要内容，是培养学生良好的职业道德，强化学生实践能力和职业技能，提高综合职业能力的重要环节。实训实习包含校内实训、校外实训和顶岗实习等多种实训实习形式。实训实习应明确校内实训实习室和校外实训实习基地及其必备设备等实训实习环境要求，保证学生顶岗实习的岗位与其所学专业面向的岗位群基本一致。

(四) 教学时间安排

每学年为52周，其中教学时间40周（含复习考试），累计假期12周。1周一般为28学时。顶岗实习一般按每周30小时（1小时折1学时）安排。3年总学时数约为3 000～3 300学时。

实行学分制的学校，一般16～18学时为1个学分，3年制总学分不得少于170。军训、社会实践、入学教育、毕业教育等活动，以1周为1个学分，共5个学分。

公共基础课程学时一般占总学时的1/3，累计总学时约为1学年。允许不同专业根据行业人才培养的实际需要在规定的范围内适当调整，上下浮动，但必须保证学生修完公共基础课程的必修内容和学时。

专业技能课程学时一般占总学时的2/3，其中顶岗实习累计总学时原则上为1学年。要认真落实教育部、财政部关于《中等职业学校学生实习管理办法》的规定和要求，在确保学生实习总量的前提下，可根据实际需要，集中或分阶段安排实习时间。

对文化基础要求较高或对职业技能要求较高的专业，可根据需要对课时比例作适当的调整。实行弹性学习制度的专业，可根据实际情况安排教学活动的时间。

专业教学标准的课程设置中应设立选修课程，其教学时数占总学时的比例应不少于10%。

（五）教学评价

教学评价应体现评价主体、评价方式、评价过程的多元化，注意吸收行业企业参与。做到校内校外评价结合，职业技能鉴定与学业考核结合，教师评价、学生互评与自我评价相结合，过程性评价与结果性评价相结合，不仅关注学生对知识的理解和技能的掌握，更要关注运用知识在实践中解决实际问题的能力水平，重视规范操作、安全文明生产等职业素质的形成，以及节约能源、节省原材料与爱护生产设备，保护环境等意识与观念的树立。

（六）实训实习环境

实训实习环境要具有真实性或仿真性，具备实训、教研及展示等多项功能及理实一体化教学功能。校内实训基地应包括岗位技能实训室和综合技能实训中心，校外实训基地应满足专业教学要求。实训设备配置应不低于相关标准。

（七）专业师资

建立"双师型"专业教师团队，应有业务水平较高的专业带头人，并聘请行业企业技术骨干担任兼职教师。专任教师应为相应专业或相关专业本科以上学历，并具有中等职业学校教师资格证书、专业资格证书及中级以上专业技术职务所要求的业务能力；具备良好的师德和终身学习的能力，适应产业行业发展需求，熟悉企业情况，积极开展课程教学改革。

## 五、制定工作的组织和管理

### （一）组织分工

专业教学标准制定工作由教育部统一领导，实行领导小组、专家组和行业工作组相结合的方式，整体部署，分步实施，分层管理，协调推进。

领导小组负责专业教学标准制定工作的整体规划、组织协调和质量监控。领导小组下设办公室，负责日常工作。

专家组主要负责确定制定标准的原则、规范、框架；指导行业职业教育教学指导委员会（以下简称行指委）分期分批开展专业教学标准的制定工作等；参与研究并解决制定工作中出现的有关问题；负责专业教学标准的审定、汇总以及整理等组织工作。专家组成员根据分工对口指导相应行指委相关专业教学标准的制定工作。

行业工作组具体负责开发相关专业教学标准，按照专业教学标准制定工作的统一规范和要求，依靠本行业的骨干企业和重点学校，做好本行业负责专业的教学标准的制订工作，严格按照工作流程推进各项工作。

### （二）工作程序

1. 筹备部署。教育部成立标准制定工作领导小组和专家组，形成《关于制定中等职业学校专业教学标准的意见》，全面启动中等职业学校专业教学标准制定工作。

2. 申报专业。行指委根据相关要求和实际情况，自主申报分批次开发的专业教学标准。

3. 成立行业工作组。行指委根据获批专业，组建专业教学标准制定行业工作组（人员构成中行业企业、科研院所、中等职业学校以及高等职业学院代表应占合理比例），并制订工作计划（计划应包括目标、实施步骤、队伍构成情况以及保障等内容）。

4. 开展调研。工作组搜集信息，组织相关调研工作，完成调研报告，填写工作岗位任务与职业能力分析表。

5. 起草标准。工作组根据调研结果研究制定《专业教学标准（草稿）》，并及时与专家组沟通工作进展情况，研究解决专业教学标准制定工作中出现的有关问题。

6. 内部审定。各行指委组织行业内部审定会，审阅调研报告和专业教学标准，专家组委派相关专家参加。行指委根据有关意见和建议修改并完成送审稿。

7. 审定发布。行指委申请专家组审定并提交调研报告、专业教学标准送审稿以及专业标准制定工作报告。专家组通过相关程序分批审定，经领导小组审批后集中发布。

立项出版单位可根据整体规划，同步研究开发专业教材。

（三） 加强领导与管理

各有关方面要提高认识，加强领导与管理。各行指委应高度重视此项工作，集中力量调动资源，严格依据本意见的规范要求，保质保量按时完成任务。专家组要做好指导协调工作，严把审定关。

教育部职业技术教育中心研究所负责专业教学标准制定工作，领导小组办公室的具体日常工作，并为领导小组办公室和专家组提供必要的工作条件。

各有关单位应积极配合，并为本单位参与专业教学标准制定工作的专家提供便利条件。

附件：1. 中等职业学校专业教学标准编写框架.doc
2. 中等职业学校专业教学标准调研方案及要求.doc

教育部办公厅
2012年12月7日

## （三）中职生的学习现状、学习中的常见问题及应对方法

中职学生经历了中考的第一次筛选而落榜。由于在义务教育阶段学生没有养成良好的学习习惯，对学习知识没有兴趣，缺乏自信，迷恋手机和网络，上课时精力不集中，看小说、睡觉、玩手机，严重影响了学生职业能力的发展。如何引导他们养成正确的学习方式，就显得尤为重要。

### 1. 中职生的学习现状

目前，相当多的中职学生学习状态不容乐观。一些学生出现学习困难，丧失学习信心，产生厌学情绪的现象，具体状况如下。

（1）学生生源不尽如人意

目前，中职的生源主要是没有超过普高分数线的初中学生，甚至不用参加中考的学生都可以进入中职学习；另一部分是没考上大学的普通高中毕业生。生源的多元化，使中职学生的文化基础参差不齐，绝大部分学生的基础相当薄弱，给教学和管理带来很大的困难，影响了中职教学质量和学生整体素质的提高。

（2）缺乏学习动机

很多调查表明，不少中职学生对学习都有"被迫无奈"的感觉，他们是迫于家长的压力才来上学的，没有学习目标，没有学习压力，没有学习动力，不能回答"我为什么来学习""我为什么要学这个专业"等一系列问题，学习各门课程都感到很困难。

（3）缺乏学习兴趣

有的学生对许多课程缺乏应有的兴趣，谈到学习就心生厌倦；有的学生虽然接受了九年制义务教育，但实际上根本没有达到初中毕业生的水平，其综合素质较差，抽象思维能力、逻辑推理能力和综合归纳、举一反三的能力较弱，往往因为听不懂课和跟不上学习进度而丧失学习信心；有的学生认为自己到职校是来学习技术的，对理论课程缺乏兴趣，上课不认真听讲，课后从不主动学习，更谈不上刻苦努力。

（4）教师的影响

一项调查显示，有近一半的中职学生认为教师的素质和水平良莠

不齐，甚至有学生认为教师的低教学水平直接影响了他们的学习积极性。由于教师在教育教学中的特殊地位，使学生对教师的期望和要求都很高。所以，教师无论在沟通技巧、人格魅力、行为规范及知识结构等方面都要对学生作出示范，从而提高教学效果。但是也应看到，确实还有很多原因造成教学效果不够理想。例如，由于近几年中职学生数量的增加，师资力量明显不足，教学任务不断加重，使得一些教师心有余而力不足；也有一些教师不了解社会对中职生的需求，教学的理论、方法缺乏创新。此外，教师授课吸引力不强等因素也是导致学生学习动力不足的原因。

（5）价值的取向

由于社会文化环境的影响，中职教育在一些人的眼里似乎成了"二流"教育。这使得一部分学生不能正确评价自己和自己所学的专业，出现自卑、失落的心理。有的学生甚至不肯告知亲朋好友自己就读的学校。自卑和失落往往会导致学生产生消极的心理，出现对抗、逆反的心态，甚至彻底放弃学习。

2. 中职生在学习时遇到的常见问题

（1）学习基础相对较差

目前，大多数中职学校的学生都是因为没能考进高中，中考的失利又使学生承受了家庭和社会带来的压力，退而求其次地来到中职学校读书。因此，学生文化基础课（如数学和英语等）课程普遍较差，他们对全新的专业基础课和专业技能课，学起来更感吃力。由于不少人属于"后进生"，很少能得到老师的表扬和同学的尊重及肯定，所以他们内心很自卑。

（2）缺乏学习主动性

由于多数中职学生在初中阶段没有打下良好的学习基础，养成良好的学习习惯，学习主动性、积极性差。进入中职阶段后，对新环境、新教师、新教材、新教法难以适应。而经常性的学习困难，他们容易产生自卑等负面情绪，从而影响其学习积极性。同时，现在的中职生普遍意志力较差，缺乏独立自主的生活能力，缺乏克服困难的决心和毅力，一旦遇到困难，就想退缩或放弃。

（3）无视校纪校规

中职学校中相当一部分学生纪律观念淡薄，旷课、逃学、早恋、打架斗殴，部分学生甚至在课堂上辱骂教师。他们明知不可以违反学校的规章制度，但由于自控能力较差，时常有违规行为，且屡教不改。

（4）缺乏自信心

中职生在初中时期大都认为自己学习能力差。在严重缺乏自信的情况下，他们越来越不愿意学习，甚至害怕学习，这样的心态，何谈学习积极性。

3. 提高中职生学习积极性的对策

（1）充分发挥学生特长，给他们提供成功的机会

有些学生成绩并不突出，但在其他方面有一定的特长，教师应抓住他们的这些闪光点，给他们发挥特长的机会，并给予适当的鼓励。教师在语言、神态以及肢体语言上对学生的鼓励，无疑都会成为学生学习知识、克服困难的动力。当学生获得成功的满足感后，就会从内心产生快乐，从而渐渐地把被动的学习变为积极主动的学习。

（2）教师应树立专业意识，端正学生的学习目的

中职生在初中阶段，有的思想品德差，有的文化课基础较差，他们中的许多人感到升学无望，只是迫于家庭压力到中等职业学校混一张文凭，熬到一定的年龄，就随便找一份工作，这样的思想状态，必然导致他们对学习缺乏信心，上课无精打采。面对学生的这种状态，专业课教师要经常对学生进行学习目的性教育，让学生懂得虽然自己的文化基础课差一点，但只要在中职阶段认真学习专业知识和专业技能，使自己获得一技之长，将来还是可以成为对社会有用之人的。

（3）通过自主学习，提高学习兴趣

一切教育的影响必须通过学生主动性才能达到预期的效果。教

师和学生是教育活动中的两个基本要素。学生是受教育者，但不完全是被动接受教育的，他们具有主观能动性，因此，教师在教学过程中必须着眼于让学生学会学习，培养学生的自主学习能力。教师可根据学生的学习现状，引导学生进行自学，针对学生在自学中遇到的问题，制订合适的教学目标，提出要解决的重点、难点，让学生明确解决问题的方法和思路，教师再引导他们分组讨论。采用这种"自主探究式"的自主学习模式，既营造了宽松和谐的课堂氛围，又能让学生体会到成功的喜悦，从而进一步提高学生的学习兴趣。

（4）培养良好的师生关系，调动学生学习的积极性

师生关系是否和谐融洽，直接影响着教育效果。中职教学更需要师生之间心灵的沟通。师生之间心心相印，情感的纽带就变成了一座智慧的桥梁，它可以把学生带进一个丰富多彩的充满阳光的世界。当师生关系平等时，学生就敢于提出问题，敢于发表不同的意见，也有兴趣和老师一起探讨新的问题，产生创造性思维的火花。

（5）有意识地对学生进行"挫折教育"

中职学校的大多数学生都有自卑感。也许他们心里有着宏伟的梦想，却由于种种原因来到中职学校继续学业。加之现在的学生多是在父母的宠溺和纵容下长大的，遇到困难与挫折容易放弃，具体表现为自暴自弃、破罐子破摔，心理比较脆弱，对挫折较为敏感。教师要适当引导，增强他们对挫折的适应力。教师在教学中，可以经常举行一些类似竞赛的活动。竞赛本身是一种良性竞争，可以极好地活跃课堂气氛。竞争在形式上可以多种多样，可以是个人的竞争也可以是团队的竞争。在竞赛中，有胜有负，对于胜利的个人或团队，教师应给予精神上的奖励，而对失败的个人或团队，教师一定要给予精神上的支持。

**扩展学习**

根据 Ipsos MORI（OECD）对 2 417 名学生的调查，学生最喜爱的

学习方式依次是：①分组学习，占55%；②实际操作，占39%；③和朋友们一起学习，占33%；④使用计算机学习，占31%；⑤单独学习，占21%；⑥从教师那里获得，占19%；⑦从朋友那里获得，占16%；⑧亲眼看到，占14%；⑨实践，占9%；⑩安静地学习，占9%；⑪抄写，占8%；⑫独自思考，占6%；⑬在图书馆或博物馆学习，占5%；⑭从他人那里得到，占3%；⑮其他，占9%。

# 第三章　中职生学习目标现状调查研究

在中等职业学校里，几乎每个班级都有许多学习困难的学生。这些学生学习态度消极、行为习惯不良。班主任将很多精力花在这些学生身上，但是收效甚微。笔者对某学习困难的中职学生进行了调查研究。

## 一、中职生学习目标现状调查综述

### （一）问题的提出

学习困难的学生（以下简称学困生）在西方国家属于特殊教育对象，是指排除了情绪、动机、文化、环境等各种因素的学业落后的学生。而国内的研究主要以学习成绩为判定标准，曾有过"差生""心理发展缓慢学生""难教学生""学习失能儿童"等称谓。本章中的学困生也可称之为"学习不良学生"，是指在以学科教学为中心的学习活动中，由学习问题引起的，较为持久的适应不良，主要表现为学习成绩差，难以取得学业进步的学生。

我国自20世纪80年代中期开始倡导素质教育，1998年明确提出了"面向全体学生，全面提高学生的思想道德、文化科学、劳动技能和身体心理素质，促进学生生动活泼发展"。特别是进入21世纪后，我国的教育更注重人文关怀，强调教育平等，使每个学生都有一个更好的发展。但是，由于诸多原因，学困生在各个教育阶段普遍存在，特别是在中等职业学校，这类学生比比皆是。他们学习目标不明，学习动机不强，不能集中注意力学习，无法完成学习任务。为了提高国民的整体素质，贯彻党的教育方针，教育者不能忽略这些学生，而要在精神上、物质上和方法上帮助他们，使他们顺利完成学业。如何帮助学困生是我国目前职业教育研究的一个重要课题。

（二）研究方法

1. 抽样

笔者采用目的性抽样，即根据研究目的，选择有可能为研究提供最大信息量的样本。小梅（化名），是某校电子专业二年级学生。该学生在小学时成绩尚好，进入初中后，成绩有所下降。进入中职后，每次考试大部分学科不及格。类似的学生在该学校比较普遍。

2. 收集材料

收集材料可以采取开放式访谈（而非正式交谈）和现场观察。笔者找小梅的班主任谈过两次，与她的同学交谈过三次，与她的母亲电话交谈过一次，了解了很多相关情况。

小梅是班上的一名学生干部，她对工作很认真负责。笔者布置的一些临时性任务，她也愿意接受，但就是学习成绩很差。笔者曾几次在其他教师上课时，到班上视察，她基本上都是趴在桌子上睡觉。笔者曾问她晚上是否没有睡好，她笑笑说："我也不想这样，可就是听不懂，也不想懂。"笔者问她对自己的现状如何评价，她说自己当然也想好好学习，得到老师和同学的赞许，但班里的学风就是这样，没有学习氛围。她自己也由于长时间不用心学习，不懂的知识越来越多，就算现在想学，也已经力不从心。笔者说："现在是学习型社会，不想学习合适吗？"她迟疑了一下，略显忧虑地说："老师，我又不是小孩子，什么都明白，我们不谈学习好吗？谈这个我郁闷。"

小梅的班主任是个比较优秀的女教师，对工作很负责。笔者问她怎么看小梅，她说这个学生就是成绩差，并不会给别人添麻烦。班主任甚至认为在职校这样的学生已经算不错了。笔者问："难道就不能采取一些方法，激发小梅的学习动机吗？转化一名学困生，教师也会有成就感呀！"班主任笑笑说："谁不想呢！我看她是朽木不可雕也。"笔者感到心情很沉重。

笔者找小梅的同班同学小玲交谈了一次。小玲说："现在学生学习就是这个状况，刻苦学习的人很少，老师对我们也没有什么要求，我们学生也乐得这样。"问起小梅的情况，看来小梅在她的印象中还不错："她不就是成绩差点吗？一点都不奇怪，这样的人太多了，我也不想学习。"

笔者与小梅的母亲在电话里交谈了一次。小梅的母亲叹了口气说："孩子小学时成绩挺好的，本来还指望她考大学呢。现在我只希望她在学校不出事就行了。"据小梅母亲反映，她在家从不看书，也不写作业。小梅的母亲对笔者说："我们也没有文化，在学习上也帮不了她。她将来能养活自己就行了。"听得出来，她的母亲很无奈，对小梅不抱什么希望。

通过访谈，笔者发现导致小梅学业困难的原因可以从内外两个角度加以分析。一是外部原因，主要是学校同伴群体的不良影响与教师和家长的期望值较低。二是内部原因，主要是小梅自己的学习动机不强，自我效能感不高，等等。

具体研究结果如下：父母、教师对小梅的期望值不高。小梅自从报考重点高中失败之后，父母在学习上就对她失去了信心，几乎从不督促与鼓励，就指望她将来学有一技之长，能养活自己就行。教师认为她不添麻烦就已经很好了，没有对她提出较高的要求。小梅所在的班级女生较多，很多人在穿衣打扮上互相攀比，但在学习上从不竞争。同伴群体的不良影响也使小梅意志消沉。大家都在"混"，班里没有一个良好的学习氛围，考试不及格大家都漠不关心。正如小梅的同学小玲所说的那样："大家都这样，吃吃玩玩蛮好的。"如果意志水平不高，学生学习是很辛苦的事情，小梅也认真学习过，但坚持不了几天就放弃了。她说："太苦了，没有意思。"另外，小梅的自我效能感较低。自我效能感是指人对自己能否成功地进行某一行为的主观判断。由于学习成绩长期不及格，小梅认为自己缺乏学习能力，她曾对笔者说："我不是学习的料。"学什么都认为自己不行，从此在学习上没有什么追求。通过对小梅成为学困生的过程与原因的调查，结合他人的研究成果，笔者认为导致学困生学习不良的原因主要有3点：

① 学习目标不明确，学习动力不足；

② 学习上有困难（不适应学科教育，但职教改革又跟不上），看不到学习的收益；

③ 对自身的局限性理解不够，自我提升的紧迫性不足。

大多数中职生在初中阶段，文化课基础相对较差，有的甚至思想品德差，他们中的许多人感到将来升学无望，只是迫于家庭压力到中等职业学校混一张文凭，到了一定的年龄就找份工作，这样的思想状态，必然导致他们上课无精打采，对学习缺乏信心。

中职学生喜欢接触新鲜事物，有较强的好奇心和求知欲，动手能力强，乐于实践，可塑性强，对感兴趣的事物爱思考，有责任心。其学习中存在的主要问题（课题组采用观察法和调查问卷法进行研究）总结归纳如下：

① 缺乏自信心。

② 目标不明确，没有进取心。

③ 基础太薄弱。

④ 没有形成良好的学习习惯，没有恰当的学习方法。

⑤ 学习缺乏兴趣。

⑥ 学习的自制力差，课余时间很少学习，容易受干扰而影响学习；意志力差，受到挫折容易放弃学习，不能长期坚持学习。

⑦ 学习无压力、无动力、不努力。

许多学生学习的实用化倾向十分明显，希望学到的东西马上能用到实处。只对专业技能课感兴趣，对学习文化基础课和专业理论课很不情愿，认为那是在浪费时间。另外学生还过分追求学习上的急功近利和"短平快"，学习没有持久性，意志力不强，三分钟热度，常常三天打鱼，两天晒网。久而久之，长期看不到学习效果，他们便认为自己不是学习的料，从而对学习失去了信心。在和学生交谈中通过列举前一两届学生在外实习和工作的实例,让学生感到学好专业技能的重要性和必要性,从而树立一定的专业意识,端正学习态度,增强学习信心,提高学习专业技能的兴趣,这是培养学生学习兴趣的前提。

## 二、中职生学习目标不明确的原因分析

中职学生学习目标不明确的原因是多方面的。从学生自身来说,学生年龄偏小,理论知识薄弱,自主学习能力欠佳,学习动力不足,学习目标不明确。从学校来说,中职学校教学模式落后;重理论、轻实践的思想还普遍存在;教师队伍中双师型教师数量远远不足;教学内容与社会需求脱节等。因为这些问题的存在,导致学生的学习兴趣不高,教学计划不能得到有效的实施,教学效果大打折扣,对其以后的职业生涯产生严重的不良影响。

### (一)中职生学习目标不明确的原因

中职学生学习目标不明确的原因主要有以下3点。

1. 社会原因——偏见依然存在

目前社会上普遍对职业教育存在偏见,上中职学校是"迫不得已"的选择。产生这样的原因一方面与个人自身能力有关,另一方面是中职学校毕业的学生普遍存在收入不高、工作环境差、社会认可度低、上升空间有限等客观原因。

2. 学校原因——课程体系僵化、教学手段单一

现在,大部分中职学校仍然采用教师拼命灌输,学生被动接受的传统教学模式,学生的个体差异不被重视,学生的主观能动性没有被充分地调动起来,这直接导致学生对学习没有信心,甚至有的学生对个人能力产生了怀疑,客观上加重了学生的自卑感,长此以往,势必不利于学生的身心健康。在课程设置上,中职学校仍沿用基础课——专业课——实践课的"三段式"培养模式。学生进校后首先从他们不太擅长的基础课学习开始,在基础课还未完全掌握的情况下,又进入专业课学习,直接导致学生对专业理论学习进入"腾云驾雾"的状态,这样一来学生对学习的兴趣消失殆尽。另外,现在的专业课教学

中，过于追求理论体系的完整性，理论内容过于冗繁，课程之间缺乏沟通，知识重叠现象突出。而教师仍然停留在"两支粉笔、一本书"照本宣科式和"一视同仁"的灌输式教育阶段，教学过程中只重视对知识的讲授，而轻视对知识的运用，先进的教学手段使用的程度不高。教师也没有将培养类型、培养层次、培养规格、本专业面向的岗位明确地告诉学生。这些都会导致中职学生学习目标不明确。

3. 学生原因——基础差

教育部《中等职业教育对学生文化知识水平和学习能力要求的研究》课题组2007年秋季对全国16个省、直辖市、自治区的4 000多名中职学生的数学和英语水平进行测试，结果表明：有59.7%的学生的数学成绩和72.2%的学生的英语成绩没有达到初中二年级应有的水平，其中46.6%的学生的数学成绩和38.6%的学生的英语成绩没有达到小学毕业应有的水平。学生上中职学校的原因要么是不到就业年龄，要么是家长要求，作为主体的学生个人没有选择的余地，只能是被动接受。因为上学目标的不明确直接导致学生学习动力不足，学习中的懒散习惯依旧存在。

有相当一部分学生对专业课的学习并不感兴趣。主要原因有两个：①有些学生由于所上的专业并不是自己选择的，而是由父母代劳的，专业和兴趣不对口，因此对专业学习缺乏热情；②有些学生对专业的期望过高，一旦发现和实际不符，产生了失落感，便对学习失去了兴趣。就拿计算机专业来说，很多学生在选择计算机专业时，认为学计算机肯定每天都要上机、编程，但实际上计算机专业还要学很多理论性的知识，比如，"计算机原理""程序设计基础""电工基础""电子线路"等课程。当实际与他们的期望有一些差距时，他们就觉得是被学校欺骗了，整天怨天尤人，惶惶不可终日。

此外，还有学生学习能力存在缺陷，这点用新生入学摸底考试及格率低可以说明。学科型课程作为职校课程主体，偏深偏难。学生对理论课程学习困难，无自信心，"以学生为本"成为空话。学生学而无用，学而无趣。课程内容与就业岗位偏离，与职业教育培养目标偏离；课程设置严重脱离企业需求；学历教育为主，灵活性适应性不够等，这些都造成了学生学不懂，不愿学，无法树立学习目标。

**（二）解决学生学习目标不明的建议**

针对中职学生的学习现状，分析总结产生问题的原因，我们可以采用以下对策。

1. 整合课程，加大实用性

学校应结合学生的现状，调整或整合各个专业的课程，本着"实用性"原则，降低原有课程的理论深度，减弱课程的学科体系性，以现在可用、毕业够用、将来能用为出发点，构建起涵盖新技术和新工艺的，具有前瞻性的，符合时代要求的，能够学以致用的专业课程，以便于学生在学习过程中树立明确的学习目标。

2. 因材施教，量材育人

学校不以分数划分学生的学习层级，而按个人的学习能力、兴趣取向、就业倾向，引导学生选择不同的学习模块，本着"因材施教，量材育人"的原则，在公平的前提下，实现真正意义上的"以人为本"的教育理念。

3. 注重专业教育，明确学习目标

虽然学校在新生入学教育阶段会对学生进行专业介绍，但是学生在缺乏感性认识的情况下仅靠简单的专业介绍，是不可能建立起专业意识，明白专业特点，清楚自己将要学习的课程与未来可能从事的职业之间的关系。另外，经过一段时间后，学生容易将入学初期或课程绪论中强调过的专业及课程教育的具体内容遗忘。为了保证学生时时刻刻明白自己正在学习的知识、技能，在将来能够起到的作用，教师就要不厌其烦地抓住每一个可利用的时机，反复强化专业意识，在学生头脑中树立起清晰的专业思想和学习目标。

4. 补充、增加教学内容的兴趣点，使教学手段多样化

教师在授课时，应安排一些既符合学生特点，又和课程相关的、学生容易感兴趣的感性知识作为引入，增加教学内容的兴趣点；还要在课堂教学中增加社会实践知识、生活常识知识的介绍，帮助学生建

立起书本理论知识与实际应用相联系的纽带，以达到吸引学生注意力和引导学生解决实际问题的目的。

随着科技的发展，教学手段也日新月异，传统的教学手段太过于平面化，方法单一，对学生的个人素质要求较高。而现在的中职学生本身存在很多问题，这个时候如果教学手段不能与时俱进，教学效果就达不到预期的目标。例如在教学过程中综合采用多种教学手段就能很好地克服传统教学方法平面化、单一化的缺点。在教学过程中可以综合采用动画演示、模拟仿真、现场教学等手段，使知识点更加立体生动。例如在讲解"轮系"这个知识点时，可以先提出问题：汽车是如何实现速度之间的变换的，接着让学生带着问题观看汽车变速过程中轮系运动变化的动画，这样一来学生对"轮系"的工作变换有了初步了解，然后带领学生到车间打开车床的主轴箱，让学生观察车床在变换转速时轮系的工作过程，进一步加深对轮系工作过程的理解，在学生兴趣被充分调动起来的情况下再讲解轮系的理论知识及相关知识点。这样一来，老师讲得轻松，学生学得轻松，教学效果大大增强。

5. 科学安排教学时间与活动

在教学过程中，教师讲授的时间尽可能控制在 15~30 分钟。其余的时间，教师应结合课程特点设计出丰富多彩、生动活泼的教学活动。这些活动既要具有生活性、直观性、仿真性和可操作性，又要安排较大范围的学生参与，让学生在一个模拟的或实际的环境中学习，从而相对降低学生学习的难度。教师还应注意观察学习困难的学生，努力发现他们在学习方法方面存在的问题，适当地加以指导，帮助他们提高学习的能力。使学生保持学习的兴趣和热情。

6. 引入互助、竞争机制

教师在教学中，要适当组织一些以小组为单位，用任务来驱动，通过竞赛来评价的学习活动，让学生能够及时发现和解决自己学习中存在的问题，搭建起学生互助和竞争的机制。这样既可以培养学生的团队意识、合作精神，又可以使基础薄弱的学生得到来自同学的帮助，利用团队的力量带动其共同进步，还可以提高学生的竞争意识。

7. 建立新的评价体系

学生学习状态的评价也是不可忽视的因素。教师应着手改变现有的评价学生学习成绩的方式，建立一种能够全面描述学生整个学习过程的评价体系。该体系应将学生在学习过程中可能出现的诸多因素，如学习态度、学习能力、学习任务的完成、学习习惯的培养、学习行为的改变、知识技能的掌握以及与他人的合作情况等列入考核评价范围，并且具有可操作性，使学生能够在进行自我评价、自我考核的过程中看到自己的进步，不断调动起学习的积极性。

8. 帮助学生明确职业认知

职业认知是就业的前置环节，是学生弄清职业学习目标与方向的必然途径，也是他们搞好职业学习的前提。

职业认知的主要任务包括：① 本专业面向的岗位；② 这些岗位的主要工作任务；③ 这些主要工作任务的具体细节。

举办工作过程知识竞赛活动，能有效缓解学生的职业认知问题。实践表明，这个活动在引导学生明确职业学习目标和方向方面很有价值，深受师生欢迎。学校可以在学生中大规模举办工作过程知识竞赛活动，在整个学校举办一场职业、岗位和工作任务认知与扫盲活动。近20所职业院校的实践证明，在学生中举办工作过程知识竞赛活动对破解学生学习目标不明的困局效果显著。

2016年，广西12所院校开展了此项活动，覆盖学生众多，在参赛学生中有效地解决了该问题，深受参赛学生欢迎。

9. 激发中职学生的学习兴趣

学习的主体是学生，要想使学生积极参与教学活动，发挥其主体地位，就必须提高学生的主体意识，把学生转变为真正的主人，具有主人翁的责任意识，自然就能提高其学习兴趣。学习的兴趣和主动性是学生学习活动最坚实的后盾。学生通过学习感受到知识的力量，享受成功的喜悦，从而激发其学习的兴趣。当然要使学生真正感到学习的快乐，确实是十分困难的，因为学习毕竟是要付出艰辛努力的。因此，教师要发挥主导作用，帮助学生分析问题，解决问题，并且要通过教学过程来建立教师教与学生学的主导与主体关系，以便学生更容易地学习科学文化知识，提高学生学习的兴趣。教学的过程是教师引导学生的认知过程。对于缺乏学习能力的学生来说，只有借助教师的指导和帮助，才能有效地掌握科学知识，迅速提高身心发展水平。而学习主动性、积极性的发挥，也都有赖于教师的引导。换句话说，教学效率和质量的高低主要是由教师教育的好坏决定的。因此，积极有效的发挥教师的主体作用，是提高教学效果的关键，更是激发学生主体学习的关键。中职教育在这点上表现得更为突出，很多学生来自农村，自信心不强，但自尊心特强，学习成绩不怎么好，学生厌学情绪很严重，要想提高其学习的兴趣，还得想点办法。因此，教师应本着"一切为了学生，为了学生一切"的原则，从实际出发，为学生服务，努力提高学生的学习兴趣。

在课程教学开始前，教师应该摸清学生的学习基础，分析出学生在学习自己所教授课程的过程中可能遇到的困难，预计教学过程中学生在知识与技能的掌握上可能出现的层次差距，以便在备课时做好准备。一方面，帮助学生补上基础知识的缺陷；另一方面，针对不同基础的学生设计安排不同层次的学习任务，使每个学生都能感受到学习的乐趣，激发起学习的兴趣。

（1）大力推行一体化教学模式

职业教育属于实践性的教育。学生是否积极参与直接影响着教学效果。而一体化教学紧紧抓住了中职学生动手能力强的特点，将课堂教学转移到实习车间，将专业理论知识融入实践操作当中，这样不仅改变了原来的教学模式，对于提高学生的学习兴趣和理解能力大有裨益，同时对学生的独立探索及合作精神起到很好的培养作用。通过理论与实践的巧妙结合，充分调动学生的积极性，挖掘学生自身潜力，使教学效果达到事半功倍。

教师应积极培养学生的实际操作能力、实际动手能力，让学生参与到实验中来，直接感受老师讲的理论知识，从实验中学会提高。中职教育说到底，主要是培养学生动手方面的能力，对理论知识的要求并不是很高，只要把他们培养成一个合格的操作工即可。以学习化学为例，首先要增加动手实验的机会。化学实验和制作具有很强的技能性，需反复多次，严格认真训练方能奏效。优化必修课中的实验教学，重视开设选修实验，加强课外活动实验，布置课外实验与制作等做法让学生多做多练。其次要确保实验内容的多样性。仅以学生实验为例，某学校开设了化学实验基本操作，与元素化合物知识相关的探索性实验和验证实验，基础实验，专业实验，等等，差不多每门课都有实验，实验内容丰富多彩，充满"阳光七色"，可使学生产生好奇心，提高学生的兴趣。

（2）积极倡导开发本校教材

大部分中职学校目前采用的是国家统一编写的教材，这就存在教材内容和校情、区域经济不相适应的情况。基于这个问题，应该鼓励学校结合实际情况和区域经济现状进行本校教材的开发。本校教材的开发应结合学校当前的教学条件，以国家职业技能标准为依据，以任务驱动型的项目化教学为依托，结合学生的实际情况，把握好内容的难易程度，保证学习内容循序渐进，在照顾全体学生共性的同时，兼顾学生的个体化差异。

（3）巧妙利用多媒体

今天，计算机多媒体教学正逐步走进学校，走进课堂，以其鲜明的教学特点，丰富的教学内容，形象生动的教学情况，促进教育技术的信息化。计算机多媒体教学具有形象性、多样性、新颖性、趣味性、直观性、丰富性等特点，它能激发学生的学习兴趣，使他们真正成为学习的主体，变被动学习为主动学习。教学中，教师要根据学生的特点，抓住最佳时机激发学生的学习兴趣，充分发挥学生的学习主动性、积极性和创造性。

传统教学中，学生面对静态呆板的课本和板书，难免觉得枯燥乏味。计算机多媒体教学恰好克服了这一缺陷，静止的文本可以变成动态的，静态的图片可以转换成动画，可以像流水般呈现一幅幅变幻的图像。计算机多媒体教学能为教学创造一个生动有趣的教学情境，化无声为有声，化静为动，激发学生的学习兴趣，提高学生的学习积极性。动态的事物比静态的事物更能引起学生的注意，更能调动学生的学习兴趣。例如：在测定硫酸含量的实验中，滴加甲基红—溴甲酚绿作为指示剂，用碱式滴定管装标准溶液氢氧化钠滴定时，颜色由酒红变蓝，紫变为灰绿，颜色变化是多么的绚丽，多么的神奇，图像又是多么的生动，同时还有配音，很多学生聚精会神地看、认认真真地听，积极性大大提高，兴趣也瞬间高涨。计算机多媒体教学还能打破时间和空间的限制，延伸和拓宽教学时空，通过图像、声音、色彩和动画传递教学信息，解决了由于时间和空间的限制造成的教学难点，使学习内容变得容易被理解和掌握，培养并发展了学生获得信息、分析信息和处理信息的能力。计算机多媒体能模拟仿真，化抽象为形象。它能将文字、图片、图像、声音集于一体，将学生带进形象、生动、色彩缤纷的教学情境中，使学生接受感官刺激，发展思维能力，拓展学生的空间概念，加深对事物的理解，大大减轻了学生认识的难度，变难为易。这样既突破了教学中的重点，又提高了学生的学习兴趣。

　　计算机多媒体教学具有形象性、多样性、新颖性、趣味性、直观性、丰富性等特点，它能激发学生学习的兴趣，使他们真正成为学习的主体，变被动学习为主动学习。如在一些教学软件中，练习题的答案被设计成水果，题目内容变为篮子，练习题变成了摘水果的游戏。面对有趣的练习，学生思维敏捷，精神集中，积极参与教学活动，课堂气氛变得轻松活跃，伴随着悦耳的音乐，学生的学习积极性被充分调动起来，使他们在快乐中获得了知识，接受了教育，提高了能力。计算机多媒体的特点是图片、文字、声音、影像并茂，能向学生提供形式多样、功能各异的感性材料，其形象生动的画面，标准逼真的情境朗读，悦耳的音乐背景，妙趣的益智游戏，把学生带入了宽松、愉快的学习环境，让学生能够主动探索，积极进取，使他们会学、愿学和乐学。

　　"知之者不如好之者，好之者不如乐之者"。中等职业教育与其他教育相比有其独特的一面，这就要求中职学校教师在教学过程中要善于引导，在追求学生共同提高的同时，兼顾学生个体之间的差异，以建立学生的学习兴趣为切入点，以兴趣促思考，从而进入教学相长的良性循环。教师要将专业教学计划的来龙去脉清晰地告诉学生，将学校的培养目标变成学生内心真正认同的学习目标。

教师要从外界引入先进的教学理念和教学方法，不停地学习，不断地完善自我。教师是办学的主体，是社会主义建设者和接班人的培育者，是青少年学生成长的引路人。作为新时期的人民教师，既是教育者，同时也是学习者，必须树立终身学习的理念。社会的迅速变迁使身边的事物发生着日新月异的变化，许许多多的问题需要教师来回答，教师虽不能样样精通，但至少应该去努力，要丰富自己的知识，时时为自己"充充电"，不断地超越自己，以"外塑形象，内强素质"的理念，努力提高自身人格的魅力。在实践和合作中学习，在与众不同中透出新意，要大胆肯定学生的"标新立异""异想天开"，从而保护学生的想象力，激发学生的学习热情。总之，在教学进程中要激发和培养学生的兴趣、教师的教和学生的学有机地结合起来，巧妙地运用到具体的教学工作中去，使学生不仅能掌握知识，而且能发展智力、提高能力。

**扩展学习**

中职学生在树立学习目标时，应注意以下8点。

1. 全面分析，正确认识自己

准确找出自己的长处和短处，以便明确自己学习的特点、发展的方向，发现自己在学习中可以发挥的最佳才能。

2. 结合实际，确定目标

制订计划时，不要脱离学习的实际，目标不能定得太高或过低，主要依据有以下4点。

① 知识、能力的实际。

② "欠缺"的实际。

③ 时间的实际。

④ 教学进度的实际。

确定目标，以通过自己的努力能达到为宜。

3. 长计划，短安排

长计划是指明确学习目标，确定学习的内容、专题，大致规划投入的时间；短安排是指具体的行动计划，即每周和每天的具体安排和行动落实。学生要在时间上确定学习的远期目标、中期目标和近期目标；在内容上确定各门功课和各项学习活动的具体目标。

4. 突出重点，不要平均使用力量

所谓重点：一是指自己学习中的薄弱科目或成绩不理想的课程或某些薄弱点；二是指知识体系中的重点内容。制订计划时，一定要集中时间、集中精力保证重点。

计划要全面，还要与班级计划相配合。计划里除了有学习的时间外，还要有进行社会工作、为集体服务的时间，保证睡眠的时间，文体活动的时间。时间安排上不能和班级、家庭的正常活动、生活相冲突。

5. 安排好常规学习时间和自由学习时间

常规学习时间（即基本学习时间）指的是用来完成老师当天布置的学习任务，"消化"当天所学知识的时间。

自由学习时间指的是完成了老师布置的学习任务后，剩下的归自己支配的学习时间。在自由学习时间内一般可做两件事：补课和提高。补课是指弥补自己学习上的欠缺；提高是指深入钻研，发展自己的学习优势或特长。不管是补课还是提高，最好围绕一个专题进行，这样做，学习比较容易见成效。自由学习时间内所取得的学习效果，对改变学习现状具有重大的作用，因此这一时间的安排，应当成为制订学习计划的重点之一。

6. 脑体结合，学习和其他活动应合理安排

在安排计划时，不要长时间地从事单一活动。

① 学习和体育活动要交替安排。比如，长时间学习后，应安排时

间适当锻炼。

② 安排科目时，文科、理科的学习要错开，相近的学习内容不要集中在一起学习。

③ 同一学科的材料，用不同的方法学习。

7. 提高学习时间的利用率

时间对于每个人来说都是宝贵的，自觉提高时间利用效率，是每个中职学生学习上进行自我修养的重要内容。

① 早晨或晚上，一天学习的开头和结尾时间，可安排着重记忆的科目，如英语等。

② 心情比较愉快，注意力比较集中，时间较完整时，可安排比较枯燥的内容或自己不太喜欢的科目。

③ 零星的或注意力不易集中的时间，可安排学习自己最感兴趣的学科或做习题。这样可以提高时间的利用率。

8. 注意效果，定期检查，及时调整

检查内容如下：

① 计划中的学习任务是否完成？

② 是否基本按计划去做？

③ 学习效果如何？

④ 总结得失，找出偏差，分析原因，以利于改进。从而实现自我管理，自我控制，自我激励，自我调整。

# 第四章　中职生树立学习目标的策略与实证研究

边疆先生在《唤醒心目中的巨人》一文里讲述了这样一件事：有一年，哈佛大学对走出校门的毕业生做了一个调查，结果发现27%的人没有人生目标，60%的人人生目标模糊，10%的人有清晰但比较短期的人生目标，只有3%的人有清晰且长远的人生目标。在以后的岁月里，他们行进在各自的人生旅途中。25年后，哈佛大学再次对这群毕业生进行调查，发现他们经历了各自不同的人生。调查结果显示：那3%的人在25年间朝着一个方向不懈努力，几乎都成了社会各界的成功人士，其中不乏商业领袖和社会精英；那10%的人不断实现短期目标，他们成为各个领域中的专业人才，大都生活在社会的中上层；那60%的人安稳地工作与生活着，但都没有什么特别的成绩，几乎都生活在社会的中下层；那27%的人生活没有目标，过得很不如意，并且常常抱怨他人和社会，抱怨"不肯给他们机会的这个世界"，当然，也会抱怨他们自己。中职学生站在同一起跑线上，但是毋庸置疑，拥有明确学习目标的学生会更快地到达成功的终点，本章就中职生树立学习目标的策略与实证进行探讨。

## 一、中职学生树立学习目标的策略

中职生正处于正确树立世界观、人生观和价值观的关键时期，良好的教育契机将成为促进他们健康成长的"助推器"和"润滑剂"。

可以说，第一课堂和第二课堂就是帮助中职学生树立学习目标的"助推器"和"润滑剂"。因此，学生一定要充分利用好第一课堂和第二课堂。

### （一）第一课堂和第二课堂的含义

1. 第一课堂

第一课堂主要是指课堂教学，是指依据教学大纲及教材，在规定的教学时间里进行的课堂教学活动。

## 扩展学习

有效的课堂教学方法是顺利达到教学目标的可靠保障，娴熟且灵活多样的教学技巧往往可以使学生不由自主地去学习。教师在日常教学中应该牢固树立以下这些有效教学的理念。有效、有趣、有用，构成了一个三角形，使老师开展课堂教学能更有意义。

① "有效"是指教师的教学方式能促使学生较好的达到三维目标，在整个过程中达到事半功倍。有效教学关注学生的进步和发展，教师必须确立学生的主体地位，树立"一切为了学生的发展"的思想。

② "有趣"是指运用游戏教学、故事教学、TPR 教学等新的教学方法来调动学生参与课堂活动的积极性。

③ "有用"是指学习的材料使学生感到有价值。它需要教师在课堂教学中使学生感受到所学知识能够帮助解决生活中的实际问题。有效教学需要教师具备一种反思的意识，经常进行行动研究。要求每一位教师不断地反思自己的日常教学行为，不断地改进自己的教学。教学方法包括教和学两个方面的方法。著名的教育家托尔斯泰曾经说过："成功的教学所需要的不是强制，而是激发学生的兴趣。"兴趣是学习的动力，如何培养学生的学习兴趣是非常重要的。

2. 第二课堂

第二课堂是相对课堂教学而言的。第二课堂就是指在第一课堂外的时间进行的与第一课堂相关的教学活动。从教学内容上看，它源于教材又不限于教材；它无须考试，但又是素质教育不可缺少的部分。从形式上看，它生动活泼、丰富多彩。它的学习空间范围极其广大：可以在教室，也可以在操场；可以在学校，也可以在社会、家庭。

从广义上来讲，第二课堂是指学生在以专业知识为主的教学计划课程学习之外所从事的一切活动，即课堂教学之外的所有活动。学生可以在各类课外活动中，开阔视野、愉悦身心、锻炼能力，增强并积累课堂讲授以外的丰富知识和经验。从狭义上来讲，第二课堂是指相对于第一课堂（即课堂教学）而言的具有素质教育内涵的学习实践活动，即学生在规定的教学计划课程之外自愿参加、有组织地进行的各类活动，按其类型大致可分为思想教育、社会实践、学术科技、社会工作、志愿服务、学生社团、勤工助学、文艺体育等。可见，第二课堂是学生素质教育的重要载体，是中等职业学校育人的重要渠道，是中职生丰富实践经验的主要阵地。它以学生为主体，通过开展内容丰富、形式多样、富有特色的课余活动，为学生提供自由而广阔的发展空间，引导学生培养创新意识和创新精神，提高自主意识，树立正确的人生观、价值观，使学生的素质获得充分的展示与锻炼。

**扩展学习**

## 中职教育需要第一课堂和第二课堂双管齐下

当前，我国进入了全面建设小康社会和走新型工业化道路的关键时期，对劳动者素质的要求随之提高，这就将职业教育发展问题提到社会经济发展的一个新的高度。现如今，中职教育需要第一课堂和第二课堂双管齐下。

### 一、职业学校要提高学生的基本素质

素质，是一个人的价值体现，是衡量人才的重要概念。所谓素质，是指一个人在政治、思想、作风、道德品质和知识、技能等方面经过长期锻炼、学习所达到的一定水平。对于当代职业学校的学生来说，要具备以下素质才能适应社会发展的需要。

1. 道德、法律、竞争意识

当今社会是一个法治社会，这就要求我们的学生既要具备较高的道德水准，又要有较高的法律意识和法制观念。随着社会经济的快速发展，竞争意识也成为人们必备的一种重要素质。培养职业学校学生的竞争意识将为其在未来的发展打下良好的基础。

2. 开拓、进取、创新精神

职业学校要注意培养学生开拓进取、勇于创新的精神，使学生养成推崇创新、追求创新和以创新为荣的意识，打破常规，突破传统观念，使学生具有开拓新领域的能力，充分发挥他们的创新潜能进行创新活动。要培养学生的创新精神，需要老师改变教育方式、增强教师创新教育的意识、转变教师的教育思想和教育观念，切实把学生的发展转变作为衡量学生进步的标准。

3. 培养学生具有合理的知识、能力、素养

当前，经济飞速发展，社会各个领域的复杂化、多样化、技术化、现代化、信息化使生活和职业瞬息万变，这就使当代职业学校的学生是否具备丰富的专业知识和技能成了将来能否为社会所接受的重要标准。因此，职业学校的学生要学习适合自己的文化知识，提高自己应该具备的技能技术，培养与发展相应的能力结构。只有将人文素质、科学素质和技术素质三者有机地结合才是当今社会职业学校学生应该具备的素质结构。

**二、职业学校的专业建设**

职业教育所设立的专业应面向社会、面向市场，这是现代职业教育的标志，也是职业学校办学的根本所在。职业学校是为社会培养高素质劳动者的地方，也是向劳动市场输送专业对口高质量人才的地方。因此，职业学校应该做好社会人才市场的调研，根据劳动市场的需求设立自己的专业，组织教学活动，并由此确定职业学校发展的方向。

1. 职业学校要树立坚定不移的信念

现在，很多职业学校面临生源紧缺的问题。在这种情况下，职业学

校的教师应该克服困难，寻找目标，爱岗敬业，为学校的发展贡献自己的智慧和力量。

2. 职业学校在专业设置上要灵活多变

职业学校要根据市场的需要和自己的条件，开创性地设置适合自己的专业。设置专业要对路，适合市场的需求，这样培养的学生毕业后就能很快上岗。校企合作就是学校根据企业的需求设置专业，这种形式适应了社会的需要。

3. 学历教育和短期培训相辅相成

学生在学习文化知识的同时，还要定期参加一些短期培训。这样培养出来的学生跨出校门就能直接上岗，更容易被社会和企业认可。

### （二）第一课堂和第二课堂的关系

关于第二课堂与第一课堂的关系可谓是仁者见仁智者见智，有代表性的观点主要包括一般与特殊的关系、理论与实践的关系、智育与非智育的关系等。

1. 第二课堂的内涵

第二课堂活动是针对第一课堂的教学活动而言的，它与第一课堂相互配合，是以育人为宗旨，以培训学生的基本技能和提高学生的综合素质为重点，以丰富的资源和空间为载体展开的系列开放性活动。第二课堂与第一课堂共同构成完整的教育整体，它是第一课堂的补充和延续。

第二课堂对于第一课堂来说并非是可有可无的，它是以活动形态来消解第一课堂面临的障碍，为第一课堂的深化拓展提供了动力和保障。反之，第一课堂的全面提升又为第二课堂拓展了活动的时空，增强了活动的技术基础，为第二课堂活动的健康有序发展提供了条件。

2. 第二课堂与第一课堂的相关性

高等教育的目标是全面的素质教育，高校的根本任务就是要培养信念执着、品德优良、知识丰富、本领过硬，适应经济社会发展需要的高素质人才。素质教育的全面性、系统性，使以"课堂教学"为主体的第一课堂无法完成全部的教育任务和培养目标，第二课堂也就成为素质教育的必需品。从这个意义上讲，第二课堂与第一课堂的根本区别就在于它们育人的内容、手段、途径不同，但是两者的共同目标是不变的。

第二课堂与第一课堂的相关性是指第二课堂与第一课堂在教育目标上的一致性、教育手段上的互补性、教育效果上的趋同性。

(1) 第二课堂是第一课堂的延伸和补充

通过第一课堂的学习，学生可以获得丰富的理论知识，打下坚实的学术基础。而将所学的书本知识和基本理论立体化，并综合运用到实践之中，则需要第二课堂发挥作用。首先，在知识的平面拓展上，第二课堂可以巩固和深化第一课堂所学的知识。当学生在第二课堂活动中需要利用第一课堂所学知识来指导时，就会积极主动、充分地调动自己的知识储备，这无疑会强化、加深其对课堂知识的理解，做到举一反三、融会贯通。其次，在知识的立体建构上，第二课堂可以促使学生将自己已经掌握的理论知识运用到实践中，使自己的知识结构得到检验和完善，从而获得新知识。

(2) 第二课堂是第一课堂的衍生和升华

首先，第二课堂是对第一课堂的衍生，即第二课堂可以局部替代第一课堂，使第一课堂原本偏重于纯理论性的知识通过第二课堂探究性的学习实践活动变得更加丰富，使课程知识更容易为学生接受，并使他们对知识的理解更加深入、记忆更加深刻。其次，第二课堂是对第一课堂的升华，即学生在通过实践活动掌握知识的同时，又能从中发现问题，找到学术创新、理论创新的方向，对原本属于第一课堂的知识进行升华。理论与实践结合，学与用结合，就会因碰撞而产生智慧的火花，实现理论的创新，实现在第一课堂的延伸和补充基础上的进一步提升。

3. 第二课堂相对于第一课堂的独立性

第二课堂丰富和拓展了第一课堂的学习，对提高学生的专业素质，培养学生的科学精神和创新意识具有十分重要的作用，具有第一课堂所无法替代的特质。第二课堂相对于第一课堂的独立性体现在以下 5 个方面。

(1) 内容的丰富性

第一课堂的教学是以基础知识和专业知识为主要内容展开的，而第二课堂活动课程内容的丰富性是第一课堂所无法企及的，无论是社会工作、学生社团、志愿服务，还是学术科技、文艺体育，第一课堂都无法完全涵盖。

（2）时空的开放性

第一课堂教学在时间和空间上受到了较为严格的限制，每周学时相对固定，地点也仅限于教室、实验室之中。相对而言，第二课堂的时间和空间却是相当的开放与广阔。学生可以自己掌握参与第二课堂的时间，根据自己的兴趣爱好和特长自主选择第二课堂空间。

（3）参与的主动性

对于第一课堂的学习，学生主动选择的范围会受到学时、内容等方面的限制，而第二课堂却完全是学生自主选择参与的。学生以个人兴趣为起点、以个人志向为依托参加第二课堂，第二课堂是学生个性张扬、潜能发挥、创造力展现的大平台。

（4）目标效果的全面性

学生在第一课堂的学习，其目的在于打下坚实的专业基础，为将来走向社会积蓄能量。而第二课堂为学生提供的锻炼与启迪，却是多种多样的。第二课堂实际上成为学生锻炼自我、实现自我的媒介，从最初怀着不同的目的或兴趣走进第二课堂，到毕业后离开第二课堂，学生的素质会有着不同程度的提高，收获也各不相同。

（5）实现方式的多样性

第一课堂主要通过教师的课堂讲授实现教育目标，其方式比较固定单一，偏重于灌输式教学，而第二课堂则具有适合不同层次、不同需求的学生参与的多种模式，其侧重于实践式、体验式、互动式、探究式、参与式的教学。

综上所述，第二课堂是承载着更为丰富的教育内容与形式的教育阵地和渠道，对学生非智力素质的培养具有十分重要的作用，是造就德智体美全面发展的社会主义建设者和接班人的必由之路，与第一课堂具有同等重要的不可替代性。

4. 第二课堂与第一课堂的矛盾性

第二课堂与第一课堂相互配合，相得益彰，共同构成高等学校人才培养体系，但是实际上，二者也存在着一些冲突与矛盾。

(1) 学生在课时安排与时间分配上的冲突

学生在第一课堂，往往承受着一定的课业压力，因此不可能投入充分的时间和精力参与第二课堂。在进行第二课堂活动与第一课堂的关系现状调查时发现，46.5%的学生很少参加或不关心第二课堂活动的原因是课业负担过重，没有时间；15.6%的被调查者担心参与第二课堂活动会分散自己的精力，影响第一课堂的学习成绩。

(2) 教育资源的稀缺性导致资源分配上的矛盾

在师资方面，第一课堂教师自身的教学和科研任务相当繁重，而第二课堂教学的工作量又存在难以确认、量化的问题，成果得不到学校的承认和肯定，使得教师很难把指导学生参与第二课堂活动作为自己的工作内容和职责的一部分。这直接导致了学生在第二课堂的活动中缺少科学性的筹划与专业化的指导。此外，在硬件方面，学校活动场所、设施等主要是为第一课堂教学配备的，专用的第二课堂硬件设施相对匮乏。这直接影响了第二课堂活动的开展。

(3) 对学生评价标准的相对单一化，导致第二课堂的培养功效得不到认可

高校对学生的评价通常以学生的学习成绩为重要甚至唯一的标准，学生参与第二课堂所取得的成绩不被重视，不能得到肯定，导致第二课堂对学生缺乏应有的激励机制。即使个别高校对学生第二课堂的学习有一定的评价考核，也往往因为缺少像第一课堂的考试那样的客观记录和严格考察，导致部分学生在第二课堂活动中的学习只是流于形式，或搞花架子，而忽略了第二课堂育人的实际功能。

综上所述，基于高校的教育（而非仅指教学）目标，第二课堂在培养学生创新能力、提高学生综合素质上有着极为重要的作用。第二课堂与第一课堂既密切相关，又相对独立，第二课堂是在内容、形式、目标、效果等诸多方面都超越了第一课堂的独立大课堂，因而是素质教育中不可或缺的重要组成部分。高校应着眼于素质教育整体推进的目标要求，真正将第二课堂作为一个独立大课堂来建设，将第二课堂活动课程

纳入整个人才培养方案，统筹规划、分工明确，从体制机制的完善、师资资源的配备、学生参与的引导、物质条件的保障等方面入手，既发挥好第二课堂对第一课堂的辅助作用，又充分发挥第二课堂的独特功能，真正将学生培养成为适应社会需要的高素质人才。

（三）第一课堂、第二课堂与学生学习目标的关系

1. 第一课堂是树立学生学习目标的主要载体

传统的教学方式是老师备课，把自己了解的知识在 45 分钟内灌输给学生，老师主动授课，学生被动听课，老师是主体，学生是客体，强调的是老师教好，忽略了学生的学习感受，造成很多学生上课听不懂，形成了恶性循环，一个学期下来，有些学生的课本和新书一样，没有任何标记。针对中职学生理解能力差、学习没有主动性这一现状，教师要改变传统的教学方式，具体操作步骤如下：①老师提出问题；②学生利用课余时间、晚自习针对问题自己整理；③学生课堂发表自己的见解；④老师归纳总结，补充讲解，布置下一节课的问题。这种教学模式，迫使学生自己从课本上、生活中、图书馆、网络中整理需要的素材，课堂上发表自己的见解，变被动学习为主动求知，将抽象的知识内化为自己对事物或知识点的了解，将老师讲授的过程转变为自己主动建构的过程，从而培养学习的主动性并形成适合自己的学习方法。

（1）第一课堂的课改瓶颈

① 资源不足：学习资料和实操设备缺乏。

② 教师不够：教师数量不足，教学能力不够完善，缺乏课程开发机会和培训。

③ 机制不灵：管理制度跟不上，教师考评制度也跟不上。

④ 标准束缚：既受益于标准，又束缚于标准。

⑤ 主体不清：对象多元，治事不治人。

（2）改善建议

中职教师利用第一课堂帮助学生树立学生目标，可以从以下 4 步进行：

① 中职教师应帮助学生对其所学的专业有一个全面、清楚的认识，既要包括专业思想教育，还要让学生了解专业的知识结构，知道所学的专业包括哪些模块，每个模块对应社会上哪些岗位群；每个模块包含哪些课程，核心课程有哪些，需要哪些知识作为辅助，让学生明白自己将要学习什么，学会之后能干什么。

② 中职教师应帮助学生认识自我，找到自己的特长和爱好，结合上一阶段的成果，进而帮助学生选择自己主攻的专业方向。这一阶段对指导教师提出了较高的要求，很多学生对自己缺乏足够的认识，根本不知道自己喜欢什么，自己的特长是什么。一方面，需要教师多观察，多思考，帮助学生进行分析总结，进而了解自己；另一方面，可以借助一些成熟的职业评测工具，对学生的职业兴趣、职业倾向和性格气质进行测定，这样，在一定程度上能保证结论的科学性和客观性。在做到知己知彼的基础上，教师可以给学生作出对专业学习的倾向性建议。

③ 中职教师应为学生制定个性化的专业学习规划，包括确定主修课程、选修课程，以及主修、选修课程的学习次序和时间安排。要完成这项工作，需要教师对专业课程体系、社会需求情况，以及学生的个性特点有全面深入的了解，为每个学生"对症下药"，根据不同学生的特点，帮助学生制定个性化的专业学习规划。

④ 根据制订好的学习计划，中职教师对学生进行全程的指导和监督，并根据社会需求的变化，对计划进行相应的调整。为每个学生建立一份成长日志，不但可以制定每学期、每门课程的学习目标，甚至可以具体到每周、每天，乃至每两节课的目标，定期检查学生对目标的完成情况，目标的制定可以因人而异。此外，中职教师还应当指导学生阅读专业相关书籍，将所有成果记入成长日记，让学生看到自己的成绩和进步，对树立自信心会很有帮助。

从这四个步骤可以看出，专业学习指导首先帮助学生更好的了解自己，了解所学的专业知识体系，进而确立学生在学习中的主体地位，根据自身需要构建自己的知识体系，让学生的学习过程突出一个

"专"字，每门课程都是学生自己的选择，这样能够很好地解决学生学习目标不明确的问题。

**扩展学习**

### 中职教师如何更好地对学生进行教育

1. 严格要求

当今的中职学生，年龄大多在 16~20 岁，而且多数是独生子女。随着生产力的迅速发展，生活条件不断改善，生活水平也随之提高，但家庭教育却相对落后。这使许多学生独立生活能力差，依赖性强；自觉性差，随意性强。针对这种情形，要想让他们尽快成为一名合格的中专生，学校、老师及家长非下一番苦功夫不可，必须从"严""细"两方面来做。俗语说得好："严师出高徒。"通过严，使学生的思想紧张起来，使其思想认识完成一个飞跃，为其以后出色地完成中专学业、步入社会，成为对社会有用的人才奠定基础。

的确，严格要求对学生的健康成长有重要的促进作用，能够使孩子按照成人理想的模式发展，少走弯路，这方面已有不少成功的范例。但是"严格要求"的负面影响也是不可忽视的。它易使孩子习惯接受，不会批判的思考，个性丧失，创新意识淡薄，甚至有的学生心灵压抑，性格孤僻，所以对学生的教育，应该严格，更应该宽容。严格不是苛责、苛求，而应该严而有度，严而有序，严而有理；宽容不等于放纵、放任，不等于对学生的问题视而不见，不等于可以原谅孩子的所有错误，这里所说的宽容更多的是对孩子感情、心灵上的宽容，让学生有健康的心态，在宽松的环境下更有利于接受严格的教育。家长要处理好要求的严格与环境的宽松，过程的严格与结果的宽容的关系。宽容是对孩子的信任，使孩子有信心，有勇气；严格要求是培养孩子的责任感，有利于培养孩子严格要求自己，做事善始善终的良好习惯。

2. 以"例"服人，注重言传身教

青春期的学生普遍不爱听大道理，并不是因为他们懂得道理，反而正是不懂道理的体现，如果不讲明更不能使他们的认识得到深化和提高。解决出现的问题根本上要学会讲道理。面对孩子，空洞的说教是不受欢迎的，但若能够将道理与具体的事例联系起来，并辅之以具有美感的形式。如讲故事，美妙动听的语音、幽默整齐的语句、严谨的逻辑思维，学生还是喜闻乐见的。

在第一课堂中，以身作则就是通过言传身教对学生进行教育。言传身教有很多具体的形式，如聊天（或谈心）、说服学生做某事、同学生发微信、留言等。凡是要求学生做到的，教师首先要做到，并用自己的行动来教育、引导学生。

同时也要结合暗示教育法，通过语言、手势、表情、暗号等对学生施加影响。在潜移默化中改变学生的心境、情绪、意志、兴趣。

2. 第二课堂是学生制定学习目标的重要补充

第二课堂的课程改革不仅存在理论和实践的合理性，更重要的是，国内外教育经验表明，没有第二课堂的支撑，第一课堂的改革是难以成功的。

第二课堂挖掘学生收集、整理和利用资源的能力，能缓解教学资源不足的问题；激发学生多途径拜师的动力，能有效缓解师资不够的问题。第二课堂优点多，既能受益于标准，又能不局限于标准，十分适合个性化学习；确立学生学习主体地位，让学习不受时间和空间的限制，能缓解主体不清和机制不灵的问题。

（1）学生职业认知活动

针对学生对专业目标认识不清的问题，举办"工作过程知识竞赛活动"。该活动的主要目的是让学生更加清晰的了解本专业的培养目标、就业岗位和岗位内容，从而明白专业学习的目的。"工作过程知识竞赛活动"，是广西机电职业技术学院蒋文沛教授创新设计的活动。我校在全校所有教师中开展了该项活动，所有教师都有很大的收获；学校领导更加满意。我们汽车专业教学部，在全体学生中开展该项活动，也取得了很好的效果，学生的学习目标更加清晰，学习积极性有明显的提高。近几年，在广西乃至全国，已经有几十所职业院校在教师和学生中开展该项活动，取得很好的效果，学生反响强烈。该活动一般放在1—2学期，每学期1次。

(2) 网络师徒制

在学生职业认知活动的基础上，通过网络师徒制的构建与运行，让学生更加深入地了解本专业的培养目标、就业岗位和岗位内容，从而实现对职业岗位的认同。该活动一般放在2—5学期，每学期1次。

① 目的：让学徒更加深入理解本专业所面向的岗位和岗位任务，增长学徒的工作知识和实践经验，缩短学徒的课堂学习与岗位工作的距离，促进学徒职业能力和综合素质的提高；大量补充专业教学团队的实践力量，促进双师团队的建设与形成；为校友服务母校搭建平台，充分发挥校友远程服务母校的优势。

② 师傅的遴选：从优秀校友中选；工作年限为5~10年；毕业至今一直从事本专业岗位工作；业务精湛，品德优良；认同教师操守，乐于授徒；具有奉献精神。其职责是为学徒学业解惑或为学徒健康成长提出建议。

③ 学徒的筛选：尊重教师和师傅，接受网络群管理规则；学习认真且目标明确；接受过岗位认知训练（如参加过学生工作知识竞赛活动），对专业面向的岗位及岗位工作任务有大致的了解，有对本专业面向的岗位及岗位工作任务强烈了解的愿望；学业正处在第2学期至第5学期；每学期从未入群的学生中筛选1次。其职责是每学期至少制作一个专业岗位典型工作任务的PPT。

④ 网络群主的产生：从专业教师中产生；热爱专业，关心学生；乐于校企合作；具有使用手机管理网络群的能力；具有奉献精神。其职责是建立微信群或QQ群，将本专业的师傅和学徒纳入网络群。协调师傅与学徒的关系，负责对网络师徒制运行的评价，确保网络群空间健康、安全、文明、有序。

⑤ 师徒关系确立：邀请通过遴选的师傅（校友）来校，颁发聘书；安排师傅与学徒见面座谈，签订学校、学徒和师傅三方协议，确立师徒关系，明确三方权利和义务。上述活动每学期进行一次。

## 扩展学习

### 网络师徒制实施办法

**第一条** 为了让在校生更加深入理解和完成专业所面向的岗位任务，缩短学生的课堂学习与岗位工作的差距，结合学校的实际情况，在学生中开展网络师徒制活动，特制定本办法。

**第二条** 网络师徒制由网络群主、网络师傅和网络学徒以及相应的管理运行机制构成。

**第三条** 学校各专业根据自身情况，既可以一个专业单独构建网络师徒制，也可以一个专业群构建网络师徒制。

**第四条** 网络群的群主从热爱专业、关心学生、乐于校企合作的学校专业教师中产生。其主要职责为：建立 QQ 群，将本专业的师傅和学徒纳入网络群，协调师傅与学徒关系，负责对网络师徒制运行的评价，确保网络群空间健康、安全、文明、有序。

**第五条** 网络师傅从优秀校友中产生，这些校友工作年限为 5~10 年，毕业至今一直从事本专业岗位工作，业务精湛，品德优良，认同教师操守，乐于授徒，且具有奉献精神。其主要职责为：指导学徒理解岗位任务内涵，传授完成岗位任务所需的工作知识和经验，并为学徒健康成长提出建议。

**第六条** 网络学徒从在校生中产生，这些学生尊重教师和师傅，遵守网络群管理规则，学习认真且目标明确，接受过岗位认知训练（如参加过学生工作知识竞赛活动），对专业面向的岗位及岗位工作任务有个大致的了解，有对本专业面向的岗位及岗位工作任务强烈了解的愿望。其主要职责为：围绕职业岗位中某个主要工作任务进行剖析，每学期分别制作一个 Word 文档和 PPT。

**第七条** 每个学期举办一次拜师仪式，仪式内容主要包括：为网络师傅颁发聘书，安排师傅与学徒见面座谈，确立师徒关系，明确师徒制的目的与任务。

第八条　网络师徒制的学习内容为：专业面向的岗位及职责；岗位主要工作任务的内容及步骤、岗位主要工作任务的劳动工具、设备和资料，岗位主要工作任务的劳动组织、工作方法和工作要求等；完成这些主要工作任务所需要的知识和经验等。

第九条　师傅及学徒的资格由学校每学期审核一次，群主根据审核结果对群进行管理，学生毕业后，其网络学徒资格自动取消。

第十条　本办法由学校团委办公室负责解释。

(3) 岗位任务剖析展示

通过举办"基于岗位工作任务的微课大赛"活动，让学生牢固掌握本专业的培养目标、就业岗位和岗位内容，从而达到对职业熟练的程度。该活动一般放在3—5学期，每学期1次。

学生工作过程知识比赛活动的策划

① 准备：每个专业选10名学生参赛，每5人组建一个团队，每个团队配1名指导教师；假定学校有15个专业，则有150名学生参赛，需要提供150台计算机，时间为每天19:30—22:30，累计要用45天，每天必须至少有1名教师跟进。

建立QQ群，将指导教师（含本人）与所有参赛学生纳入QQ群，教师可利用业余时间通过QQ群对学生进行指导。

提前购置《中华人民共和国职业分类大典》和《国家职业资格标准》各1套备用；从中职1 000所国家示范性职业学校资料中找出与本校同类专业相关的材料备用；从人社部技工院校一体化课程改革资料中找出与本校同类专业相关的材料备用。

② 动员：对参赛团队与指导教师进行动员与培训，讲清活动的意义和参赛的方式与方法。重点介绍每个团队的参赛任务，即需完成的Word文本，文本的目录如下。

第一部分　本专业的培养目标

案例

在工作过程知识竞赛活动中，要求学生填写专业的培养目标，其试题如下：

本专业主要面向××、××等行业企业，从事××、××等工作的××人才。

第一步：检索相关资料

1. 检索国家示范校相同专业的调研报告和人才培养方案。

2. 检索人社部技工院校一体化课程改革材料中相同专业的调研报告和人才培养方案。

3. 检索本地同类院校相同专业的调研报告和人才培养方案。

4. 用关键词通过"百度"检索相关资料，具体如下：

检索"××专业培养目标"；

检索"××专业培养方案"；

检索"××专业调研报告"；

检索"××专业人才培养规格"。

第二步：小组分析讨论

1. 小组成员分别分析相关资料。

2. 组长组织大家讨论。

（1）本专业毕业生走出校门在哪些行业企业上班？

（2）主要从事哪些工作？

在小组组长的领导下，待小组形成一致意见后，按下列教育部要求的格式对专业培养目标进行描述：

本专业主要面向××、××等行业企业，从事××、××等工作的××的高素质劳动者和技能型人才。（中职）

第二部分　本专业面向的岗位

在工作过程知识竞赛活动中，要求学生填写专业的主要就业岗位，本专业面向的主要就业岗位分为两部分，即主要初始就业岗位和发展岗位。初始就业岗位主要指本专业毕业生刚毕业进入社会可以从事的与本专业相关的职业岗位。发展岗位主要指本专业毕业生在初始就业岗位上获得一定工作经验后可升迁的职业岗位。

第一步：检索相关资料

1. 检索国家示范校相同专业的调研报告和人才培养方案。

2. 检索人社部技工院校一体化课程改革材料中相同专业的调研报告和人才培养方案。

3. 检索本地同类院校相同专业的调研报告和人才培养方案。

4. 用关键词通过"百度"检索相关资料,具体如下:

检索"××专业调研报告";

检索"××专业就业面向";

检索"××专业就业范围";

检索"××专业实践专家访谈会";

检索"××专业就业岗位"。

第二步:小组分析讨论

1. 小组成员分别分析相关资料。

2. 组长组织大家讨论。

(1) 本专业毕业生走出校门的主要初始就业岗位有哪些?

(2) 本专业毕业生走出校门的主要发展岗位有哪些?

第三步:确定结果

在小组组长的领导下,待小组形成一致意见后,按要求进行描述。

本专业主要初始就业岗位为:csg1,csg2,……。

主要发展岗位为:fzg1,fzg2,……。

第三部分 本专业面向岗位的主要工作任务

在工作过程知识竞赛活动中,要求学生填写专业主要就业岗位对应的主要工作任务,作为一个足不出户的学生团队,应该如何确定呢?

第一步:检索相关资料

1. 检索国家示范校相同专业的调研报告和人才培养方案。

2. 检索国家示范校相同专业的岗位分析材料或实践专家访谈会材料。

3. 检索人社部技工院校一体化课程改革相同专业的调研报告和人才培养方案。

4. 检索本地区同类院校相同专业的调研报告和人才培养方案。

5. 检索《中华人民共和国职业分类大典》中与本专业相关的职业任务。

6. 检索《国家职业标准》中与本专业相关的职业工作内容（即任务）。

7. 检索企业岗位职责及网上招聘需求。

8. 用关键词通过"百度"检索相关资料，具体如下：

检索"××专业调研报告"；

检索"××专业培养方案"；

检索"××专业职业能力分析"；

检索"××专业实践专家研讨会"；

检索"××专业职业分析会"；

检索"××专业职业标准"；

检索"××专业课程标准"。

第二步：小组分析讨论

1. 小组成员分别分析相关资料。

2. 组长组织大家讨论。

（1）本专业毕业生走出校门的主要初始就业岗位分别对应的主要工作任务有哪些？

（2）本专业毕业生走出校门的主要发展岗位分别对应的主要工作任务有哪些？

第三步：确定结果

在小组长的领导下，待小组形成一致意见后，填写表4-1。

表4-1 专业主要就业岗位对应的主要工作任务

| 主要就业岗位 | 主要工作任务 | 职业能力 |
| --- | --- | --- |
| csg1 | | |
| csg2 | | |
| fzg1 | | |

续表

| 主要就业岗位 | 主要工作任务 | 职业能力 |
|---|---|---|
| fzg2 | | |

第四部分 主要工作任务的描述

主要工作任务是一个职业的具体工作领域，又称为职业行动领域，它是一项具体的专门工作，是工作过程结构完整的综合性任务，反映了该职业主要的工作内容和工作方式。

一个职业的主要工作任务描述一项完整的工作行动，包括计划、实施和评估整个行动过程，它反映了职业工作的内容和形式，以及该任务在整个职业中的意义和功能。

每个职业通常有 5~10 个岗位，主要工作任务 10~20 个，如表 4-2 所示。

表 4-2 某个职业主要工作任务的描述

| 主要工作任务 | 名词+动词 |  |
|---|---|---|
| 主要工作任务描述 | | |
| 工作内容及步骤 | 工具、材料、设备及资料：<br>工作方法：<br>劳动组织方式： | 工作要求： |

表4-1中的任务名称以"名词+动词"的形式表达；主要工作任务的描述包括工作内容、工作主体、工作过程和工作要求（规范）4个要素。

（1）工作范畴：做什么，即生产哪些产品或提供哪些服务。

（2）工作主体：谁来做，即这类工作由哪类企业的哪些岗位人员完成。

（3）工作过程：如何做，可按照计划、实施、工作结果的检查和评价等环节描述。

（4）工作要求：如何做好，即完成任务所应遵循的标准、规范或合同要求。

（5）工作内容及步骤：描述工作过程及过程中涉及的材料、产品、人员等。

（6）工具、材料、设备及资料：完成任务所用到的设备设施、仪器仪表、工具材料、文献材料等。

（7）工作方法：列举各工作环节所需的工作层面、组织层面和技术层面的方法。

（8）劳动组织方式：完成工作任务的分工方式。如工作方式安排（独立或合作），与其他职业或部门的合作关系及分界等。

（9）工作要求：完成工作各环节应遵循的规范、标准和要求。如产品质量标准、行业技术标准、企业要求、客户要求、对从业者的要求等。

此外，还要做到：

① 检索国家示范校相同专业的调研报告、人才培养方案和课程标准；

② 检索国家示范校相同专业的岗位分析材料或实践专家访谈会材料；

③ 检索人社部技工院校一体化课程改革相同专业的调研报告、人才培养方案和课程标准；

④ 检索本地区同类院校相同专业的调研报告和人才培养方案；

⑤ 检索《中华人民共和国职业分类大典》中与本专业相关的职业任务；

⑥ 检索《国家职业标准》中与本专业相关的职业工作内容（即任务）；

⑦ 检索企业岗位职责及网上招聘需求；

⑧ 小组讨论形成一致意见。

还可通过"百度"检索作为必要的补充：

检索"××专业培养方案"；

检索"××专业职业能力分析"；

检索"××专业实践专家研讨会"；

检索"××专业工作任务分析"；

检索"××专业教学标准"；

检索"××专业职业标准"；

检索"××专业课程标准"。

第五部分 参考文献（信息来源）

（1）初赛（专业内竞赛）：学生制作并上交初赛作品；教师筛选作品，确定决赛团队；针对决赛学生举办决赛说明，重点讲解初赛的不足及改进的方法，同时对竞赛PPT制作及现场演讲答辩做具体要求。

（2）决赛：学生制作决赛材料并上交决赛作品；布置决赛会场、答辩评分安排和相关材料，选聘答辩教师；学生随机抽号演讲，然后接受答辩提问；教师评委打分；宣布竞赛结果；颁奖；活动结束。

（3）辐射：进入成效宣讲和辐射阶段。让获奖团队利用班团课对本专业其他同学进行宣讲。扩大活动的受益面，示范带动更多的学生进行职业认知。

案例

××学校（院）文件

××〔2017〕××号

××专业
# 岗位任务认知文本

××团队
**成员：××**
**2016 年××月××日**

# 目　录

第一部分　本专业培养目标 …………………………………………… 93
第二部分　××专业面向的主要就业岗位 …………………………… 94
第三部分　××专业岗位对应的主要工作任务 ……………………… 95
第四部分　主要工作任务描述 ………………………………………… 96
　　主要工作任务一×× …………………………………………… 96
　　主要工作任务二×× …………………………………………… 97
　　主要工作任务N×× …………………………………………… 98
第五部分　参考文献 …………………………………………………… 99

# 第一部分　本专业培养目标

本专业的培养目标为：

本专业主要面向××、××等行业企业，从事××、××等工作的××人才。

# 第二部分 ××专业面向的主要就业岗位

本专业面向的主要就业岗位分为两部分，即主要初始就业岗位和发展岗位。初始就业岗位主要指本专业毕业生刚毕业进入社会可以从事的与本专业相关的职业岗位；发展岗位主要指本专业毕业生在初始就业岗位上获得一定工作经验后可升迁的职业岗位，具体见下表。

| 岗位类型 | 主要就业岗位名称 | 对应的职业资格证书举例 | 备注 |
|---|---|---|---|
| 初始岗位 | Csg1 |  | 在实际工作中，每个专业面向的主要就业岗位情况不一样，考虑竞赛活动的需求，建议每个专业初始岗位为最主要的3~5个，发展岗位为最主要的2~3个 |
|  | Csg2 |  |  |
|  | …… |  |  |
|  | csgn |  |  |
| 发展岗位 | fzg1 |  |  |
|  | fzg2 |  |  |
|  | …… |  |  |
|  | fzgm |  |  |

# 第三部分 ××专业岗位对应的主要工作任务

| 主要就业岗位 | 主要工作任务 | 职业能力 |
| --- | --- | --- |
| csg1 | 1. | |
| | 2. | |
| csg2 | 3. | |
| | 4. | |
| …… | | |
| csgn | | |
| fzg1 | | |
| fzg2 | | |
| …… | | |
| fzgm | | |

# 第四部分　主要工作任务描述

主要工作任务一　××

| 主要工作任务名称 | ×× | |
|---|---|---|
| 主要工作任务描述 | ×× | |
| 工作内容及步骤：<br>×× | 工具、材料、设备与资料：<br>××<br><br>工作方法：<br>××<br><br>劳动组织方式：<br>×× | 工作要求：<br><br>…… |

**主要工作任务二　××**

| 主要工作任务名称 | ×× | |
|---|---|---|
| 主要工作任务描述 | ×× | |
| 工作内容及步骤：<br>×× | 工具、材料、设备与资料：<br>××<br><br>工作方法：<br>××<br><br>劳动组织方式：<br>×× | 工作要求：<br><br><br><br><br><br>…… |

**主要工作任务 N** ××

| 主要工作任务名称 | ×× | |
|---|---|---|
| 主要工作任务描述 | ×× | |
| 工作内容及步骤：<br>×× | 工具、材料、设备与资料：<br>××<br><br>工作方法：<br>××<br><br>劳动组织方式：<br>×× | 工作要求：<br><br><br><br>…… |

# 第五部分　参考文献

说明：本部分主要填写参赛小组编制竞赛文本的依据资料，特别是各参赛小组参考的高职 200 所国家示范骨干院校同类专业建设资料、中职 1 000 所国家示范性职业学校同类专业建设资料、人社部技工院校一体化课程改革同类专业建设资料、其他职业学校同类专业建设资料、《中华人民共和国职业分类大典》《国家职业资格标准》、部分相关的中文核心期刊论文、企业岗位职责及网上招聘需求资料。建议格式如下。

**一、高职国家示范骨干院校同类专业建设资料**

1. ××学校（院）××专业××资料

2. ××学校（院）××专业××资料

3. ……

**二、中职国家示范学校同类专业建设资料**

1. ××学校（院）××专业××资料

2. ××学校（院）××专业××资料

3. ……

**三、人社部技工院校一体化课程改革同类专业建设资料**

1. ××学校（院）××专业××资料

2. ××学校（院）××专业××资料

3. ……

**四、其他职业学校同类专业建设资料**

1. ××学校（院）××专业××资料

2. ××学校（院）××专业××资料

3. ……

**五、专著及论文**

1. ××××.中华人民共和国职业分类大典［M］.××：×××

×出版社,××××.

2.××××.国家职业资格标准[M].××:××××出版社,××××.

3.……

### 六、企业资料

1.××企业资料;

2.××企业资料;

3.……

### 七、其他网络资料

1.资料名称,网址;

2.资料名称,网址;

3.……

(2)学生工作过程知识比赛活动的实施

学生工作过程知识比赛活动的实施包括填写工作工程知识比赛报名表,了解工作过程知识比赛决赛执行方案,制作PPT等。

① 工作过程知识比赛报名表见表4-3所示。

表4-3 工作过程知识比赛报名表

| 团队名称① | |||
|---|---|---|---|
| 团队参赛专业方向(全称)② | |||
| 团队成员组成结构 | 学生班级组队( ) 学生自发组队( ) 其他( ) |||
| 团队成员(队长填写在第一栏,每团队成员最多5人) | 姓名 | 专业、年级 | 联系电话 |
| | | | |
| | | | |
| | | | |
| | | | |
| | | | |
| 参赛宣言 | |||

续表

| | |
|---|---|
| 团队简介<br>（150字以内） | |
| 评选意见<br>（主办方填写） | |

注：①团队名称各队自拟；②团队参赛专业方向为我系现有的各个专业和方向，每个团队只填写一个专业（方向）

② 了解工作过程知识比赛决赛执行方案。

## ××学校（院）
## 工作过程知识比赛决赛执行方案

**一、赛事组织**

1. 时间

比赛时间：201×年××月××日下午××：××至××：××。

2. 地点

比赛地点：××学院××。

3. 内容

××个参赛团队，按照抽签的顺序，各进行3个环节的展示。内容展示、现场答辩，每个团队约10分钟。

二、比赛过程

1. 开场

主持人介绍比赛规则、评委嘉宾等。

2. 各团队比赛

（1）每个团队在开始准备阶段，工作人员向评委提交该团队打印资料，评委阅览、评分。

（2）比赛团队上场，主持人宣布开始比赛并计时。

（3）比赛团队使用PPT做工作过程知识演讲（8分钟）。

（4）比赛展示完毕，团队成员在舞台列队，评委随机提问（2分钟）。

（5）评委打分。为便于对比，工作人员每隔2队收取评分表一次，每隔4个团队主持人播报一次得分情况。

3. 点评

全部团队展示完毕，评委做总结点评，工作人员整理获奖情况。

4. 现场颁奖（略）

5. 合影留念（略）

三、评分

1. 比赛共设评委7人，每个评委给每一个团队的6个项目打分，每个项目满分100分，小数点后保留一位，打分后工作人员录入计算机。

2. 计算机根据事先设定好的公式，各项目得分乘以权重的百分比，得出每一个评委给某团队的赋分总分，工作人员去掉一个最高分和一个最低分后其余5个得分相加，得出该团队最终得分。

3. 评委评分表（样式）

| 团队名称 | Word文档 | PPT制作 | 演讲 | 答辩 |
| --- | --- | --- | --- | --- |
| ×× | 89.5 | 84.6 | 80.2 | 88.9 |

4. 评分细则

| 序号 | 评分项目 | 评分要求 | 权重（%） |
| --- | --- | --- | --- |
| 1 | Word 文档 | 1. 版面规范、整洁；<br>2. 内容翔实，质量高 | 30 |
| 2 | PPT 制作 | 1. 简洁、美观；<br>2. 界面友好；<br>3. 通俗性强 | 30 |
| 3 | 演讲 | 1. 时间把握得当；<br>2. 语言表达流畅自然，吐字清楚；<br>3. 思路清晰，仪态大方；<br>4. 人机配合好；<br>5. 效果好 | 30 |
| 答辩 | 回答提问 | 1. 语言流畅、简明扼要；<br>2. 思路清晰，针对性强 | 10 |

**四、其他**

1. 各团队须提交展示环节使用的 PPT 和其他因展示所需用到的材料（如果有），以上材料为电子材料，如有道具等实物则只需提前告知主办方，无须提交。

2. 各团队提交工作过程知识比赛的 Word 文档最终版的电子档，该材料由组委会统一打印 9 份，在比赛开始时，由工作人员呈评委审阅。

3. 以上材料请于××月××日中午 12 点前，以团队名称命名后通过电子邮件打包发送至团委××老师处，邮箱：××@qq.com。

4. 如各团队在舞台展示方面有其他设计是需要主办方配合才能完成的，需在××月××日前告知主办方，不提出要求则视为无此类要求。

5. 其他未尽事宜，请与××老师联系，电话：××××。

×ׇ学校（院）

工作过程知识比赛组委会

201×年××月××日

③ 决赛演讲 PPT 的格式与要求。

a. 格式要求：

第一部分、本专业培养目标

第二部分、本专业面向的主要岗位

第三部分、本专业面向岗位的主要工作任务

第四部分、主要工作任务的描述

第五部分、参加复赛的收获

第六部分、参考文献（信息来源）

b. PPT 的内容要求：

第一部分、本专业培养目标介绍

主要讲清楚本专业主要面向××、××等行业企业，从事××、××等工作的××人才。

第二部分、本专业面向的岗位

一个专业面向的主要岗位往往有多个，必须回答清楚。

第三部分、本专业面向岗位的主要工作任务

每个主要岗位的主要工作任务是哪些，必须回答清楚。

第四部分、主要工作任务的描述

一个专业对应岗位的主要工作任务有多个，这里只要求展示一个，其他在 Word 文档中体现。

第五部分、参加整个比赛的感受

阐述参赛的体会与收获。

第六部分、参考文献（信息来源）

列出参考资料的来源。

④ 工作过程知识决赛演讲答辩的几个关键问题。

初赛存在的主要问题：主要工作任务描述格式不对；岗位前后说法不一致；岗位与任务混淆，导致文本内容前后不一致；信息收集与整理能力依然不足；文本排版及文字功底依然不足；指定要求以外的内容依然存在。

决赛的形式：每个团队继续完善 Word 文档，然后提前策划并制作好 PPT，决赛时团队全体成员上台，由一人负责 8 分钟演讲与展示，所有成员等待答辩；用 PPT 演讲完毕，由评委随机指定一人回答问题，时间 2 分钟；整个过程总计 10 分钟，答辩完毕，由评委进行评分；计分后，当场宣布成绩。

决赛的评分标准：

a. Word 文档 30 分（关键指标：格式、内容和质量）；

b. PPT 制作 30 分（关键指标：简洁、美观、友好性和通俗性）；

c. 演讲 30 分（关键指标：时间、仪态、语言、人机互动、效果）；

d. 答辩 10 分（关键指标：语言流畅、简明扼要、针对性强）。

⑤ 注意事项。

注意团队合作，避免演讲与答辩失误。

注意 Word 文档、PPT 及演讲词的一致性。

注意在团队内要提前做好演练。

注意 PPT 的用途，不能简单地复制 Word 文档里的内容，而应在如何表现 Word 文档这个大赛成果上进行策划，将演讲词与 PPT 的角色有效区分开来。

如有疑问，可发到 QQ 群：××。

上交材料发送至××@qq.com，联系人：××老师。上交材料包括 Word 文档和 PPT。

上交期限：2016 年××月××日 12：00。

## 二、中职学生成功树立学习目标典型案例（学员作品）

### （一）汽车运用与维修专业二手车鉴定评估方向

# 岗位任务认知文本

二手车人团队
成员：××、××
2017 年 2 月 12 日

# 目 录

第一部分　产业发展 …………………………………………… 108
第二部分　二手车鉴定评估专业方向培养目标 ……………… 112
第三部分　二手车鉴定评估专业方向面向的主要就业岗位 ……… 113
第四部分　二手车鉴定评估专业岗位对应的主要工作任务 ……… 114
第五部分　二手车鉴定评估主要工作任务描述 ……………… 116
  主要工作任务 1. 车辆信息及手续核查………………… 116
  主要工作任务 2. 折损车（事故车、火烧车、水泡车、
        高温车、调表车）鉴定 …………… 118
  主要工作任务 3. 车辆静态与动态技术状况鉴定 …………… 119
  主要工作任务 4. 二手车估值 ………………………… 120
  主要工作任务 5. 二手车销售 ………………………… 122
  主要工作任务 6. 二手车保险过户与续保 ………………… 124
  主要工作任务 7. 二手车过户 ………………………… 125
  主要工作任务 8. 二手车贷款 ………………………… 126
  主要工作任务 9. 纠纷车鉴定 ………………………… 127
  主要工作任务 10. 中规美规车鉴定 ……………………… 128
  主要工作任务 11. 专项作业车、大客车车况鉴定 ………… 129
第六部分　参赛收获 ………………………………………… 130
第七部分　参考文献 ………………………………………… 131

# 第一部分 产业发展

## 一、国内二手车市场现状

伴随着汽车普及程度的提高与汽车消费观念的不断成熟，人们对于二手车的接受程度也在不断提高，从而带来了二手车市场的蓬勃发展。但据中国汽车流通协会数据统计显示，2016年上半年我国二手车交易量同比增幅仅为3.6%。其中，二手车电商交易量只占整体市场的12%左右。相比之前的如日中天，二手车市场尤其是二手车电商平台正在步入平稳的发展期。我国二手车市场与发达国家相比在很大程度上还处于起步阶段。比如，美国市场二手车和新车年销量比为3:1，而我国仅为1:4，不足美国的1/10。我国二手车市场明显不够成熟，但具有巨大的增长潜力。

## 二、二手车市场发展趋势

### （一）国内二手车市场发展趋势

国内二手车市场的发展趋势如图4-1所示。

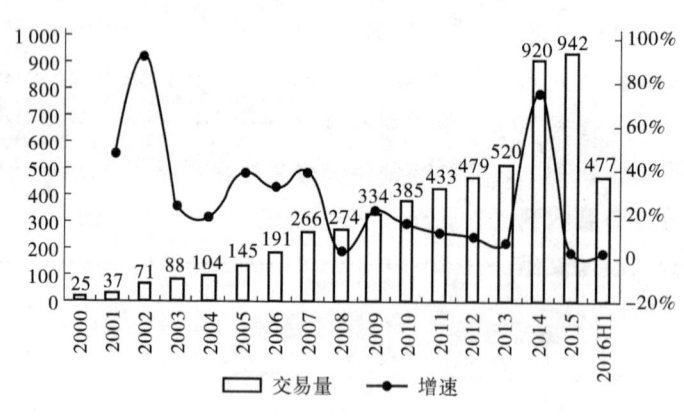

图 4-1　国内二手车市场的发展趋势

虽然目前中国二手汽车市场规模增速较慢，但已是全球最大的新车市场，未来也会成为最大的二手车市场，市场潜力很大。二手车行业市场调查分析报告显示，我国汽车保有量约为1.72亿辆，保守估计每年新车增速在10%以上，发达国家二手车与新车流通量比例一般在1.5:1以上，若按照这个比例计算，未来我国二手车交易量有望超过2 600万辆。根据中国汽车流通协会的统计数据，2015年全国二手车交易额为5 535.40亿元，比2014年上涨26%。到2020年，二手车市场的交易总规模有望突破2 000万辆，届时，国内汽车市场将从以"新增需求"为主转化为以"置换需求"为主，新车与二手车市场的比例关系达到1:1。我国二手车正在逐步靠近欧美成熟市场。

中国二手车交易市场日益火热，无论是传统的实体二手车市场、新兴的二手车电商平台，还是蓬勃发展的品牌二手车，都在激烈的竞争中不断成长。

**(二) 南宁市二手车市场发展趋势**

截至2016年12月，南宁的大型二手车市场达到3家。据调研，目前三个大型二手车市场中，安吉二手车市场约有150个商铺，市场可停放约2 000辆二手车；东盟二手车市场约有250个铺位；金桥市场则能提供近200个铺位。如此一来，目前南宁市场上的二手车市场铺位超过600个，仅2016年南宁新增的铺位就达到450个左右，是2015年商铺的3倍。伴随着二手车商铺的大量增加，南宁二手车市场的从业人员也随之大幅度增加。

**三、国内二手车鉴定评估人才需求分析**

**(一) 二手车鉴定与评估人才需求急剧增长**

二手车市场的机会来了，同时意味着，二手车鉴定评估师的就业机会也来了。二手车成交量的增加，一定程度上反映汽车消费日益理性成熟。然而二手车鉴定评估专业人才却比较缺乏，已成为制约行业发展的重要因素。

据中国汽车流通协会的调研结果，截至2016年12月，国内二手车评估师的需求量达30余万人，但目前真正具备二手车鉴定评估资质的仅有不到15万人，缺口比例较大。而在2016年二手车市场步入

"千万"时代后,对于二手车评估师等专业人才的需求缺口毫无疑问将进一步扩大。在二手车市场如此活跃的大背景下,二手车评估师成为市场最稀缺的热门职业之一已经成为既定的事实。

二手车市场的主体是汽车经销商与消费者,而这两者直接的沟通需要依赖二手车鉴定评估师等专业人才。二手车鉴定评估师的主要工作是核实车辆手续是否齐全、对于二手车的技术状况进行鉴定和价值评估。通过二手车鉴定评估,可让消费者了解车辆的技术状况、价格、行驶距离、修复经历等信息,从而提高用户对二手车的认知度,也有利于二手车流通市场的发展。因此目前发展趋势良好的二手车市场急需大量二手车鉴定评估师。

二手车鉴定评估不再局限于二手车市场,已经扩展到二手车的纳税、保险、抵押、司法等非产权交易部门,因而二手车评估的外延大大扩张,人才需求也日益膨胀。不仅厂家的汽车4S店需要二手车评估师,而且资产评估事务所、会计师事务所、银行、公安机关、司法和保险公司等也需要业务过硬的二手车评估师。

### (二) 二手车从业人员专业能力堪忧

近年来在二手车交易当中,信息不对称是制约该行业发展的老难题,调里程表、隐瞒事故等成为二手车行业内的"潜规则"。根据对二手车交易市场的调查,目前在二手车市场从事二手车行业工作的人员,多数仍为"无证上岗"或"买证上岗"。为了促进二手车市场的发展,国家要求从业人员持证上岗,必须拥有相关的证件以及过硬的技术才能胜任此工作。因此,无证的二手车鉴定评估师被淘汰是必然趋势。

### (三) 国家重视二手车鉴定评估师的培训

二手车行业的蓬勃发展,带动了整个汽车产业的发展,拉动了内需,对国民经济有很大的贡献。国家也很重视该行业的发展,近年出台了相关利好政策。二手车鉴定评估师(Second-hand Car Appraisers)是国务院公布的国家六类资产评估师之一,是二手车鉴定评估、交易业必备的资格资质证书,职业等级分为中级二手车鉴定评估师和高级二手车鉴定评估师两个等级，并实行统一编号等级管理和国家劳动部官网查询，是相关人员求职、任职、晋升，包括开办二手车交易公司或评估机构等在法律上的有效证件，可记入档案、全国通用。随着二手车市场的进一步发展和规范，二手车鉴定评估师职业资格证书将成为进入二手车经营、评估领域的必备通行证。

总之，从从业人员现状、行业需求分析到国家战略发展，二手车鉴定与评估是一个朝阳行业，具有很大的发展潜力和发展空间。

# 第二部分　二手车鉴定评估专业方向培养目标

二手车鉴定评估专业方向的培养目标为：依托汽车运用与维修专业，培养合格的二手车鉴定与评估专业人才。

二手车鉴定评估专业方向主要面向二手车经营公司、二手车经纪公司、二手车电商平台、二手车鉴定评估机构、4S店、汽车维修厂、资产评估公司、会计师事务所、律师事务所、拍卖行、典当行、保险公司、银行二手车放贷等行业、企业，从事二手车鉴定、评估、销售、交易等相关工作。

# 第三部分　二手车鉴定评估专业方向面向的主要就业岗位

二手车鉴定评估专业方向面向的主要就业岗位分为两部分，即主要初始就业岗位和发展岗位。初始就业岗位主要指本专业毕业生刚进入社会可以从事的与本专业相关的职业岗位。发展岗位主要指本专业毕业生在初始就业岗位上获得一定工作经验后可升迁的职业岗位。

本专业主要初始就业岗位为：二手车经营公司、二手车经纪公司、二手车电商平台、二手车鉴定评估机构、4S店、汽车维修厂、资产评估公司、会计师事务所、律师事务所、拍卖行、典当行、保险公司、银行二手车放贷等行业、企业的二手车中级鉴定评估师、二手车销售员、二手车交易员。

主要发展岗位为：二手车经营公司、二手车经纪公司、二手车电商平台、二手车鉴定评估机构、4S店、汽车维修厂、资产评估公司、会计师事务所、律师事务所、拍卖行、典当行、保险公司、银行二手车放贷等行业、企业的二手车高级鉴定评估师。

# 第四部分　二手车鉴定评估专业岗位对应的主要工作任务

| 主要就业岗位 | 主要工作任务 | 职业能力 |
| --- | --- | --- |
| 二手车中级鉴定评估师 | 1. 车辆信息及手续核查 | 1. 能判断评估车辆及评估委托人的机动车来历凭证、机动车行驶证、机动车登记证书等是否合法有效；<br>2. 能核实评估车辆税费缴纳情况；<br>3. 能按要求对评估车辆进行拍照；<br>4. 能正确读取车辆玻璃、轮胎和车辆生产日期；<br>5. 能判断车龄以及是否更换过零部件。 |
| | 2. 折损车（事故车、火烧车、水泡车、高温车、调表车）鉴定 | 1. 熟练使用仪器设备；<br>2. 熟悉折损车（事故车、火烧车、水泡车、高温车、调表车）鉴定流程；<br>3. 能正确判断是否为事故车及事故损伤修复程度；<br>4. 能正确判断是否为火烧车及烧伤面积；<br>5. 能正确判断是否为水泡车及泡水程度；<br>6. 能正确判断是否为高温车，并判断故障点；<br>7. 能正确判断是否为调表车及大概真实的里程数。 |
| | 3. 车辆静态与动态技术状况鉴定 | 1. 能正确使用仪器，熟悉检测项目；<br>2. 熟练绕车检查流程；<br>3. 能判断车辆技术状况；<br>4. 能驾驶车辆；<br>5. 正确判定车辆故障位置；<br>6. 能撰写鉴定评估报告；<br>7. 具备专业知识与业务技能。 |
| | 4. 二手车估值 | 1. 能够根据车辆性质选择合适估值法；<br>2. 能够根据车辆状况、年限等进行估值。 |

续表

| 主要就业岗位 | 主要工作任务 | 职业能力 |
|---|---|---|
| 二手车销售员 | 5. 二手车销售 | 1. 熟悉基本的仪容仪表规范；<br>2. 掌握基本的服务礼仪；<br>3. 具备汽车销售专业知识，为客户提供产品与服务方面的信息和解决方案，满足客户的需求和愿望，能够非常专业地宣传产品；<br>4. 熟悉竞争对手的产品及价格；<br>5. 熟悉车辆销售合同的填写。 |
| | 6. 二手车保险过户与续保 | 1. 具备良好的沟通能力及服务意识；<br>2. 熟悉车险条款及理赔操作流程；<br>3. 熟悉保险过户与续保的流程；<br>4. 熟悉保险过户与续保所需的证件；<br>5. 熟悉出单系统的操作。 |
| 二手车交易员 | 7. 车辆过户 | 1. 熟悉车辆过户流程和相关法规；<br>2. 熟悉涉及车辆过户的部门及所需要的材料、等待时间等；<br>3. 具备一定的人际交往能力。 |
| | 8. 二手车贷款 | 1. 具备专业知识与业务技能；<br>2. 熟悉银行或金融公司车辆贷款所需材料与利率；<br>3. 具备相关法律知识的运用能力；<br>4. 具备一定的人际交往能力。 |
| 二手车高级鉴定评估师 | 9. 纠纷车鉴定 | 1. 具备一定的人际交往能力；<br>2. 能判断是否为纠纷车。 |
| | 10. 中规美规车鉴定 | 1. 熟悉中规美规车鉴定流程；<br>2. 具备一定的人际交往能力；<br>3. 熟悉汽车流通法律法规；<br>4. 能判断是中规车还是美规车。 |
| | 11. 专项作业车、大客车车况鉴定 | 1. 能正确使用仪器，熟悉检测项目；<br>2. 熟练绕车检查流程；<br>3. 能判断车辆技术状况；<br>4. 能驾驶车辆；<br>5. 正确判定车辆故障位置；<br>6. 能审核鉴定评估报告；<br>7. 具备专业知识与业务技能。 |

# 第五部分　二手车鉴定评估主要工作任务描述

### 主要工作任务1. 车辆信息及手续核查

| 主要工作任务名称 | 车辆信息及手续核查 |
| --- | --- |
| 主要工作任务描述 | 根据材料清单表项目逐个核查车辆自身信息、证件、手续是否符合交易评估，并填写清单表。工作过程中，遵循现场工作管理规范。 |
| **工作内容及步骤**<br>1. 核查车辆合法性<br>（1）机动车登记证；<br>（2）购车发票或过户票；<br>（3）机动车行驶证；<br>（4）汽车铁牌；<br>（5）核查车主基本信息。<br>身份证明（审核机动车登记证信息与委托人的身份证是否一致）。<br>2. 核查车辆信息<br>（1）玻璃的鉴别：<br>① 查看所有玻璃上的生产年份，最早生产年份和最迟年份生产的玻璃相隔不能超过半年，否则就有更换玻璃的嫌疑。<br>② 检查玻璃和玻璃支架间的缝隙，缝隙大小应是均匀的，过大或过小都要怀疑该部位曾经被损坏、修复过。<br>（2）轮胎的鉴别：<br>检查四个轮胎的生产日期，四个数字 | **工具、材料、设备与资料**<br>材料清单表、笔、计算机、网络。<br>**工作方法**<br>观察法、咨询法、查询法、记录法。<br>**劳动组织方式**<br>与车主联系，让其带齐车辆的所有材料与证件；核查车辆的相关材料、证件并把核查结果提交部门经理。 | **工作要求**<br>1. 责任心强、细心、耐心；<br>2. 熟悉社交礼仪；<br>3. 能正确读取车辆玻璃、轮胎和车辆生产日期，判断车龄以及是否更换过零部件；<br>4. 能正确判断被评估车辆及评估委托人的机动车来历凭证、机动车行驶证、机动车登记证书等是否合法有效；<br>5. 能核实被评估车辆税费缴纳情况；<br>6. 能按要求对被评估车辆进行拍照。 |

续表

| 主要工作任务名称 | 车辆信息及手续核查 | |
|---|---|---|
| 中，后面两位代表生产年份，前面两位代表生产年的周数。<br>（3）VIN 码鉴别：<br>① 检查 VIN 码上的生产年份，应该和发票上的日期一致；<br>② 查看 VIN 码是否有修改的嫌疑。<br>3. 核查各种税费单据<br>（1）车辆购置税完税证明；<br>（2）车船使用税凭证；<br>（3）车辆的保险单。<br>4. 核查车辆相关手续<br>（1）检查车辆年检证明；<br>（2）检查车辆有无违章记录；<br>（3）检查车辆路桥缴纳证明（针对南宁市车辆）。<br>5. 核查车辆基本配备品<br>（1）车辆钥匙（2 把以上）；<br>（2）说明书（含保修手册、车辆使用手册）；<br>（3）工具包（含三脚架、拖车钩、千斤顶、千斤顶摇把、轮胎套筒、起子、扳手、备胎等）。<br>6. 填写材料清单表 | | |

## 主要工作任务 2. 折损车（事故车、火烧车、水泡车、高温车、调表车）鉴定

| 主要工作任务名称 | 折损车鉴定 |
| --- | --- |
| 主要工作任务描述 | 所谓折损车，是指发生严重交通事故、火烧、水泡、发动机老化、水温过高、使用里程较大后更改里程的车辆。此类车辆价值贬损较大，是评估师估价的重要依据。通过观察，使用各种仪器对车辆进行检查，从而判断车辆是否为折损车。 |
| **工作内容及步骤**<br>（1）阅读二手车鉴定评估作业表；<br>（2）使用"左右对称+12点+N点"的方法查看车身骨架，鉴定该车是否为事故车；<br>（3）使用"从下往上、一闻二按三迹"的方法查看水泡车的水泡程度以及查找水泡车的锈点和霉点；<br>（4）使用"一闻二面多象+0.5～0.8"方法查看车辆是否为火烧车及火烧面积；<br>（5）使用红外测温仪，启动发动机，测量发动机升温情况。检查发动机是否出现缺水、泄露、转速高、尾气差、油耗高等情况，从而鉴定该车是否为高温车；<br>（6）使用"一查二标三磨损"的方法查看车辆。利用网络查询平台"车鉴定""爱车全记录"等 APP 或者 4S 店查询车辆真实里程；<br>（7）利用零部件更换周期对比车辆真实行驶里程。查看刹车片、轮胎、刹车盘、蓄电池、正时皮带、悬架撑杆胶套、转向拉杆球头胶套、排气管、转向防尘套、自动变速器油、后桥油等。 | **工具、材料、设备与资料**<br>二手车鉴定评估作业表；荧光笔、漆面厚度仪、手电筒、内窥镜、皮尺、红外测温仪、计算机、举升机等。<br>**工作方法**<br>观察法、对比法、网络查询。<br>**劳动组织方式**<br>联系好车主，约定看车时间和地点；征求车主同意后翻开覆盖件，检查车身骨架内部；一边咨询车主事故情况，一边检查；个人独立完成。完成评估后，向前台主管递交鉴定作业表。 | **工作要求**<br>1. 责任心强、细心、耐心；<br>2. 具备沟通协调能力；<br>3. 爱护车辆，操作过程中不能损坏车上零部件，恢复拆卸的覆盖件；<br>4. 举升车辆时注意安全规范，防止意外事故发生；<br>5. 如实记录车辆受损部位情况，不虚报检修项目，不遗漏事故点；<br>6. 能根据折损车特点判断出车辆折损类型。 |

## 主要工作任务 3. 车辆静态与动态技术状况鉴定

| 主要工作任务名称 | 车辆静态与动态技术状况鉴定 |
|---|---|
| 主要工作任务描述 | 通过对车辆静态技术状况进行鉴定，判断车辆技术状况是否属于七大折损车，使用的磨损情况以及新旧程度。通过车辆动态技术状况，考查车辆发动机及底盘的劳损程度。车辆进行鉴定时，需要驾驶车辆，因此行车安全应引起足够重视。 |

| 工作内容及步骤 | 工具、材料、设备与资料 | 工作要求 |
|---|---|---|
| (1) 阅读二手车路试前、中、后检查项目表；<br>(2) 外观检查，分别站在车辆的正前方、前45°角、车辆两侧、车辆后方45°角进行检查。远看色差；远看车身线条；细看部件；远看缝隙；检查是否有色差、刮痕、飞漆，各接合缝隙是否均匀；左右是否对称；<br>(3) "12点+N点"的检查，12点是否左右对称，是否有扭曲、修复、焊接痕迹；<br>(4) 打开车辆发动机舱盖，检查发动机舱的线束等是否整齐，是否有动过的痕迹；<br>(5) 车辆底盘的检查；<br>(6) 启动前检查机油液、制动液、冷却液、方向助力油、自动变速箱油、蓄电池电压即"五液一电"；<br>(7) 启动急速时检查驾驶舱内安全带、喇叭、冷热空调、电动窗、后视镜、门锁、音响、雨刮、制动踏板、方向盘、灯光等情况；急速时噪音、水温、转速、时速等仪表显示情况；<br>(8) 行车时检查发动机急速、起步、升降挡、匀速、滑行、制动时的各个工况。滑行时是否有跑偏、急刹的制动距离、车辆平稳性、在不平路面行驶时底盘件是否有异响是该小项检查重点。 | (1) 二手车鉴定评估作业表；<br>(2) 手电筒、漆面厚度仪、红外测温仪、内窥镜、皮尺、分贝仪、听诊器、举升机。<br>**工作方法**<br>观察法、网络查询对比法、平台互助求助。<br><br>**劳动组织方式**<br>联系好车主，约定看车时间和地点；征求车主同意翻开覆盖件，检查车身板件内部；指导和协助中级评估师对疑难和特种车辆进行评估；检查完成后，审核中级评估师撰写的报告并上交前台主管。 | (1) 责任心强、细心、耐心；<br>(2) 具备沟通协调能力；<br>(3) 静态检查时爱护车辆，操作过程中，不能损坏车上零部件，及时恢复拆卸的覆盖件；<br>(4) 动态检查时，注意安全，路试车速不可过快，切忌粗暴驾驶；<br>(5) 举升车辆时，注意安全规范，防止意外事故发生；<br>(6) 如实记录车辆受损部位情况，不虚报检修项目，不遗漏事故点；<br>(7) 客观地对中级评估师撰写的报告进行审核；<br>(8) 准确地对汽车常见故障及部位进行判断，并计算整备成本。 |

## 主要工作任务 4. 二手车估值

| 主要工作任务名称 | 二手车估值 |
|---|---|
| 主要工作任务描述 | 二手车估值，是判定车辆剩余价值的重要一环。合理的二手车估值，一方面能吸引众多的消费者，另一方面能避免国有资产的流失。<br>二手车估值，一种是重置成本法，是将车辆按成本构成分为重置成本、实体性贬值、功能性贬值、经济性贬值四个部分，先确定各组成部分的现时价格，然后相加得出待评估车辆的重置全价。另外一种方法是收益现值法（营运车辆），是将被评估的车辆在剩余寿命期收益用适用的折旧率折现为评估基准日的现值，并以此确定评估价格的一种方法。它根据现营运收入和费用、车辆技术状况和经济环境，将预期收益折现处理来确定二手车价值。 |

| 工作内容及步骤： | 工具、材料、设备与资料 | 工作要求 |
|---|---|---|
| 一、重置成本法（一般车辆）<br>1. 求取重置成本<br>查看原车发票或通过网络查看当地相同车型市场新车售价。<br>2. 计算实体性贬值<br>（1）观察法：车辆磨损以及自然损耗对于功能、技术等状况带来的影响。车辆的实体性贬值＝重置成本×有形损耗率。<br>（2）使用年限法：车辆实体性贬值＝（重置成本－残值）×已使用年限/规定使用年限（残值是汽车在报废时净回收的金额）。 | 计算机、网络、计算器等。<br><br>工作方法<br>资料查询、直接询价。<br><br>劳动组织方式<br>与车主联系，查看原车发票；联系车辆主管部门，查看营运收入，必要时 | 1. 责任心强、细心、耐心。<br>2. 具备沟通协调能力。<br>3. 爱护车辆，操作过程中不能损坏车辆零部件。<br>4. 如实记录车辆受损部位情况，不虚报检修项目，不遗漏事故点。<br>5. 能够选择合适的估值方法进行估值。 |

续表

| 主要工作任务名称 | 二手车估值 | |
|---|---|---|
| （3）行驶里程法：车辆的实体性贬值=（重置成本−残值）×已行驶里程/规定行驶里程。<br>3. 计算功能性贬值<br>车辆配置，计算因技术陈旧、功能落后的配置重新更换时应该支出的费用。<br>4. 确定经济性贬值<br>是指由于外部经济环境变化所造成的车辆贬值。外部经济环境包括宏观经济政策、市场需求、通货膨胀和环境保护等。外界因素对车辆价值的影响不仅是客观存在的，而且对车辆价值的影响还相当大。没有什么大政策的变化可以忽略不计。<br>5. 求评估值<br>评估价=重置成本−实体性贬值−功能性贬值−经济性贬值。<br>二、收益现值法（营运车辆）<br>1. 收集有关营运汽车收入和费用的材料<br>（1）到车辆主管部门查询、网络查找对比或借助朋友了解车辆营运收入。<br>（2）到4S店查询维修、保养的相关费用。<br>2. 调查、了解被评估汽车的技术状况，实地静态、动态检查车辆 | 借助朋友或网络查询，最后把估值报告给经理。 | 6. 能判断被评估车辆被贬值部分能否量化。<br>7. 能根据不同的评估目的，确定待评估车辆的重置全价。<br>8. 会进行汽车实体性贬值的计算。<br>9. 会进行汽车功能性贬值的计算。<br>10. 会进行汽车经济性贬值的计算。<br>11. 掌握营运车辆收入和费用查找方法。<br>12. 掌握车辆技术状况鉴定方法。<br>13. 掌握预期收益额、折现率及风险报酬率的预测。<br>14. 对未来不可预见因素的影响有所考虑。 |

续表

| 主要工作任务名称 | 二手车估值 |
|---|---|
| 性能，对汽车技术状况作出判断。<br>3. 确定预期收益的预测及折现率等评价参数<br>（1）根据现有营运收入和费用、车辆技术状况及使用年限，将预期收益折现处理，确定二手车估值；<br>（2）分析确定评估结果。 | |

### 主要工作任务 5．二手车销售

| 主要工作任务名称 | 二手车销售 ||
|---|---|---|
| 主要工作任务描述 | 二手车销售是根据客户的需求，介绍合适的二手车给客户，让客户充分了解该车的特点，提高客户对产品的认可，促成交易。工作过程中，遵循现场工作管理规范。 ||
| 工作内容及步骤：<br>1. 车辆展示<br>定期检查车辆展示及整备情况。<br>2. 营销沟通<br>积极向客户介绍库存情况及经销商可提供的服务项目。<br>3. 客户接待及需求分析<br>主动分析、挖掘潜在客户的需求信息，并留下客户的联系方式。全面获取潜在客户的详细资料，分析潜在客户的具体需求，并做好记录。<br>4. 产品展示<br>能够将车辆功能介绍给客户并得 | 工具、材料、设备与资料<br>手机、计算机、打/复印机、二手车基本资料、个人名片、试乘试驾登记表、二手车销售合同等。<br>工作方法<br>咨询法、对比法、观察法。<br>劳动组织方式<br>接待客户：询问客户需求，再给其介 | 工作要求<br>（1）责任心强、细心、耐心；<br>（2）熟悉商务礼仪；<br>（3）熟悉客户需求，做好产品介绍；<br>（4）具备汽车销售专业知识，为客户提供产品与服务方面的信息和解决方案，能够非常专业地宣传公司的系列产品；<br>（5）每日对销售活动进行记录。 |

续表

| 主要工作任务名称 | 二手车销售 |
|---|---|
| 到客户的认同。<br>5. 试乘试驾<br>通过试乘试驾印证车辆的特征，消除客户潜在疑虑。<br>6. 异议处理<br>识别、判断、解决客户购车异议，并提出有效的购车异议处理方案。<br>7. 报价及销售谈判<br>针对潜在客户的购车需求，确定价格及付款条件谈判，明确付款方式、时间及车辆个性化服务。<br>8. 签订合同<br>填写车辆销售合同，与客户确定交车时间、车辆价格、付款方式，写清双方的权利和义务、违约责任，确定并写清合同争议解决方案，最后双方签字确认。<br>9. 交车及售后跟进<br>（1）财务核对：与财务部门核对车款到账情况。<br>（2）交车：确认车况，做好交车前期的准备工作，讲解车辆使用性能及保养常识，交接车辆相关的手续及文件。<br>10. 客户服务及客户保持<br>定期与客户保持个人和终身的联系，以获取客户的高度满意度；定期向客户介绍特色服务，争取介绍机会。<br>11. 建立和维护客户数据库<br>记录到店咨询和电话咨询的潜在客户信息。通过各种手段积极开发新客户。进行客户关系处理。 | 绍合适的二手车。<br>检查客户相关证件，如证件齐全即可带客户试乘试驾。<br>谈好价格，约客户签合同并交车。<br>整理好资料并移交部门经理。 |

## 主要工作任务 6. 二手车保险过户与续保

| 主要工作任务名称 | 二手车保险过户与续保 |
|---|---|
| 主要工作任务描述 | 根据二手车的保险情况，给现车主进行保险过户或续保：<br>会填写车辆保险过户、续保合同；<br>熟悉车辆保险过户、续保所需手续及证件；<br>熟悉本公司的保险优惠政策。 |

| 工作内容及步骤 | 工具、材料、设备与资料 | 工作要求 |
|---|---|---|
| 1. 保险过户流程<br>（1）核查原车主提供的身份证原件（或公司营业执照）；<br>（2）核查现车主提供的身份证原件（或公司营业执照）、行驶证、车辆登记证；<br>（3）双方或其中一方带齐以上证件原件到保险公司总部办理保险过户手续即可。<br>2. 续保流程<br>（1）根据车主的需求、用车情况、车龄等可向车主介绍合适的保险套餐及保险公司；<br>（2）核查身份证原件、车辆登记证、行驶证；<br>（3）算出保费，打印保险单并签字。 | 计算器，计算机，保险合同，打印机，客户身份证，行驶证，车辆登记证。<br><br>**工作方法**<br>咨询法、记录法、对比法。<br><br>**劳动组织方式**<br>（1）保险过户：联系客户并让其带齐所需证件到保险公司总部办理车辆保险过户手续。<br>（2）续保：为客户提供合适的保险方案，促进成交。 | （1）责任心强、细心、耐心；<br>（2）具备沟通协调能力；<br>（3）对车险足够了解，熟悉本公司的车险投保操作流程及保费计算方法；<br>（4）了解公司的保险优惠政策；<br>（5）能整理客户的信息档案。 |

## 主要工作任务 7. 二手车过户

| 主要工作任务名称 | 二手车过户 |
| --- | --- |
| 主要工作任务描述 | 熟悉车辆过户所需的手续及证件；<br>熟悉车辆过户流程；<br>熟悉车辆不能过户的原因。 |

| 工作内容及步骤 | 工具、材料、设备与资料 | 工作要求 |
| --- | --- | --- |
| 1. 车辆过户流程<br>（1）开具交易：缴纳二手车交易税，私户按1%收取，公户按4%收取；<br>（2）车辆外检：将车开到检车处，车辆进行外检、拓号、拆牌和照相，领取车辆照片贴于检查记录表上，进入过户大厅办理归档手续。<br>（3）转移迁出：带齐证件到车管所转移受理窗口，填写机动车注册、转移、注销登记表/转入申请表办理转移迁出手续。<br>（4）车牌选号：取号机取号之后，拿着相关材料排队缴纳过户费用。<br>（5）领取新的车牌、新的行驶证、登记证书。<br>2. 熟悉不能过户的车辆类型<br>（1）未经批准擅自改装、改型及变更载货重量、乘员人数的；<br>（2）达到报废年限的；<br>（3）申请车主与原登记车主印章不相符的；<br>（4）违章肇事未处理结案或公安要求对车辆有质疑的；<br>（5）未参加定期检验或检验不合格的；<br>（6）进口汽车属海关监管期内，未解除监管的；<br>（7）人民法院通知冻结或抵押未满的。 | 车辆及车辆登记证、行驶证、二手车销售发票、身份证原件和复印件、户口本、机动车注册、转移、注销登记表/转入申请表。<br><br>**工作方法**<br>记录法、查询法、咨询法。<br><br>**劳动组织方式**<br>待车主确定购买后，与客户签订车辆销售合同；待客户付款后，办理过户手续。 | （1）熟悉车辆过户流程和相关法规；<br>（2）熟悉涉及车辆过户的部门及所需要的材料，等待时间等；<br>（3）熟悉不能过户的车辆类型；<br>（4）具备一定的人际交往能力。 |

## 主要工作任务8. 二手车贷款

| 主要工作任务名称 | 二手车贷款 |
|---|---|
| 主要工作任务描述 | 能及时准确地提供多个金融公司或银行收取的利率，根据客户的需求提供合适的贷款方案，熟悉贷款所需资料及贷款流程。 |

| 工作内容及步骤 | 工具、材料、设备与资料 | 工作要求 |
|---|---|---|
| 1. 与多个金融公司或银行联系，了解该公司或银行的贷款方案与利率<br>2. 根据客户所提供的资料提供合适的贷款方案<br>3. 核查贷款所需的基本材料<br>（1）身份证；<br>（2）户口本（核查本人与其提供的身份证上的信息是否为同一人、户籍所在地、家庭成员等是否有误）；<br>（3）房产证明；<br>（4）工作证明；<br>（5）为期半年的银行流水账单（与房产证明、工作证明一起证明借贷人的偿还能力）；<br>（6）驾驶证（证明不是代购车辆）；<br>（7）如是单位车辆需提供单位的营业执照；<br>（8）已婚人士需提供结婚证。<br>4. 告知客户贷款流程<br>（1）填写贷款申请表；<br>（2）提交相关材料；<br>（3）金融公司或银行进行审核； | 笔、贷款申请表、计算机。<br><br>**工作方法**<br>观察法、咨询法、对比法。<br><br>**劳动组织方式**<br>与车主沟通确认与哪家金融公司或银行贷款，提交相关材料至金融公司或银行进行审核，审核通过后通知客户付款提车并提交审核单给部门经理。 | （1）责任心强、细心、耐心；<br>（2）熟悉社交礼仪；<br>（3）熟悉多个银行或金融公司车辆贷款所需材料与利率；<br>（4）具备专业知识与业务技能；<br>（5）具备相关法律知识的运用能力；<br>（6）具备一定的沟通能力；<br>（7）具备一定的人际交往能力。 |

续表

| 主要工作任务名称 | 二手车贷款 |
|---|---|
| (4) 金融公司或银行审批通过；<br>(5) 确认购车合同；<br>(6) 交付首付车款（首付在20%~60%的，一般由客户意愿或金融公司根据客户条件决定）；<br>(7) 办理过户手续；<br>(8) 办理抵押手续。<br>5. 告知客户相关注意事项<br>(1) 二手车贷款年限在金融公司一般最长不能超过5年，在银行一般最长不能超过3年；<br>(2) 车龄+贷款年限≤10年。 | |

### 主要工作任务 9. 纠纷车鉴定

| 主要工作任务名称 | 纠纷车鉴定 |||
|---|---|---|---|
| 主要工作任务描述 | 通过对纠纷车进行鉴定，判断是否属于纠纷车。 |||
| 工作内容及步骤 | 工具、材料、设备与资料 || 工作要求 |
| (1) 一查：车管所查档。<br>(2) 二码：车辆识别代码和发动机码鉴定。<br>(3) 三伪：车牌、车辆登记证和行驶证真伪鉴定。<br>(4) 四补：二码、车牌、车辆登记证和行驶证补办鉴定。<br>(5) 五全：车主（单位）证件、车辆登记证、行驶证、保险和车船税齐全并在有限期内。 | 行驶证、车辆登记证、网络、平台互助、车船税、保险单、车主身份证、车辆等。<br>**工作方法**<br>查看、网络查询、平台互助求助。<br>**劳动组织方式**<br>主要以个人形式独立完成，预约好车主，定好时间、地点，要求车主带好相关资料。必要时借助朋友或网络提供有关信息。 || (1) 责任心强、细心、耐心。<br>(2) 具备沟通协调能力；<br>(3) 具备识别证件真伪的能力。 |

## 主要工作任务10. 中规美规车鉴定

| 主要工作任务名称 | 中规美规车鉴定 |
| --- | --- |
| 主要工作任务描述 | 奔驰、宝马、奥迪、保时捷等车型残值较高，二手车利润空间较大。此类国外生产的高端车二手车会流通到国内，当成新车售卖，评估鉴定时应仔细区分，降低风险。通过观察的方法，对车辆的登记证、铭牌、仪表等仔细比对，从而判断车辆是中规车还是美规车。|

| 工作内容及步骤 | 工具、材料、设备与资料 | 工作要求 |
| --- | --- | --- |
| (1) 阅读二手车鉴定评估作业表；<br>(2) 查验登记证真伪、出厂日期与上牌日期比对；<br>(3) 打开左、右、前车门，观察铭牌安装位置、是否有改动痕迹、铭牌字体；<br>(4) 点亮仪表，观察仪表样式及里程单位，中规车为公里①，美规车为英里②；<br>(5) 观察转向灯样式，一般中规车为黄色，美规车为橘黄色；<br>(6) 利用美规车查询平台"美车在线网""易车网二手车评估""第一车网"等平台查询车辆信息及归属。 | 二手车鉴定评估作业表；荧光笔、漆面厚度仪、手电筒、内窥镜、皮尺、红外测温仪、计算机、举升机等。<br>**工作方法**<br>观察法、对比法。<br>**劳动组织方式**<br>联系好车主，约定看车时间和地点；征求车主同意后翻开覆盖件，检查车身骨架内部；一边咨询车主事故情况，一边检查；完成评估后，向前台主管递交鉴定作业表。 | (1) 责任心强、细心、耐心；<br>(2) 具备沟通协调能力；<br>(3) 爱护车辆，操作过程中不能损坏车辆零部件，恢复拆卸的覆盖件；<br>(4) 举升车辆时，注意安全规范，防止意外事故发生；<br>(5) 如实记录车辆受损部位情况，不虚报检修项目，不遗漏事故点。 |

注：① 1公里 = 1 000 米；② 1 英里 = 1 609.34 米

## 主要工作任务 11. 专项作业车、大客车车况鉴定

| 主要工作任务名称 | 专项作业车、大客车车况鉴定 |
|---|---|
| 主要工作任务描述 | 专项作业车、大客车车况鉴定是指对渣土车，混凝土浇灌车、公交车、大货车等车辆的车况鉴定。通过观察的方法，对车辆的外观、内装、引擎、底盘、原漆等仔细比对，从而判断该类车辆的车况。 |

| 工作内容及步骤 | 工具、材料、设备与资料 | 工作要求 |
|---|---|---|
| （1）阅读二手车路试前、中、后检查项目表；<br>（2）外观检查，按绕车流程站在各个角度进行检查。远看色差，细看部件缝隙，左右是否对称，进而推断是否出现事故；<br>（3）按照"12点+N点"检查车身骨架，12点是否左右对称，是否有扭曲、修复、焊接痕迹，判定事故大小；<br>（4）打开车辆发动机舱盖，检查发动机舱的线束等是否整齐，是否有动过的痕迹，启动车辆，检查发动机劳损情况、异响部位、大修情况，计算发动机整备成本；<br>（5）启动急速时检查驾驶舱内安全带、喇叭、冷热空调、电动窗、后视镜、门锁、音响、雨刮、制动踏板、方向盘、灯光等情况；急速时噪音、水温、转速、时速等仪表显示情况；<br>（6）检查车辆底盘的变速箱、悬架、转向机构、轮胎等部件的劳损情况，计算整备成本；<br>（7）行车检查发动机急速、起步、升降挡、匀速、滑行、制动时的各个工况。滑行时是否有跑偏、急刹的制动距离、车辆平稳性计算整备成本。 | 二手车鉴定评估作业表；<br>荧光笔、漆面厚度仪、手电筒、内窥镜、皮尺、红外测温仪、计算机、举升机等。<br>**工作方法**<br>观察法、网络查询对比法、平台互助求助。<br>**劳动组织方式**<br>联系好车主，约定看车时间和地点，征求车主同意后翻开覆盖件，检查车身板件内部；指导和协助中级评估师对疑难和特种车辆进行评估；检查完成后，审核中级评估师撰写的报告并上交前台主管。 | （1）责任心强、细心、耐心；<br>（2）具备沟通协调能力；<br>（3）爱护车辆，在操作过程中不能损坏车辆零部件，恢复拆卸的覆盖件；<br>（4）举升车辆，注意安全规范，防止意外事故发生；<br>（5）如实记录车辆受损部位情况，不虚报检修项目，不遗漏事故点；<br>（6）客观地对中级评估师撰写的报告进行审核；<br>（7）准确地对汽车常见故障及部位进行判断，并计算整备成本。 |

# 第六部分　参赛收获

通过这次比赛，我们收获了很多，简单总结如下：

## 一、认识到团队合作的重要性

比赛中，我们在队长的带领下撰写工作过程知识文本，分工明确、责任清晰，形成很强的团队合作意识，相互帮助、共同探讨，彼此共同提高，成就共享、责任共担。我们认识到只有团队紧密合作，才能圆满完成任务。

## 二、明确了二手车鉴定评估的主要工作岗位

通过比赛中的调研，我们明确了二手车鉴定与评估的就业岗位，包括二手车中级鉴定与评估师、二手车销售员、二手车交易员，发展的就业岗位有二手车高级鉴定与评估师、二手车部门经理、二手车商。

## 三、学会二手车鉴定评估的主要工作任务描述

通过参与比赛，撰写二手车鉴定评估主要工作任务，我们学会了二手车中级鉴定与评估师、二手车销售员、二手车交易员的主要工作任务描述，对专业水平的提高有很大的帮助。

## 四、对今后的教学有很强的指导和推动作用

比赛中，通过撰写二手车鉴定评估工作过程知识文本，提高了自己的综合、归纳、提炼等写作水平，对今后自己的教学水平、科研水平有很大的帮助。

## 五、为今后组织学生做"工作过程知识"的竞赛提供很好的指导作用

最后，感谢学校组织工作过程知识的比赛，让我们有这次参赛的机会，比赛为我们打开了一个更为广阔的发展视野。我们深深地感到，专业知识的积累永远没有尽头，为了跟上职业教育的步伐，我们仍需不断努力。感谢领导对我们的信任、支持和鼓励。

# 第七部分　参考文献

[1] 王丽姮. 二手车鉴定与评估 [M]. 上海：上海交通大学出版社，2014.

[2] 明光星. 二手车鉴定评估 [M]. 北京：机械工业出版社，2015.

[3] 潘秀艳. 二手车鉴定及评估 [M]. 青岛：中国海洋大学出版社，2012.

## （二）汽车运用与维修专业二手车鉴定评估方向学生树立学习目标 PPT 实例

图 4-2　封面

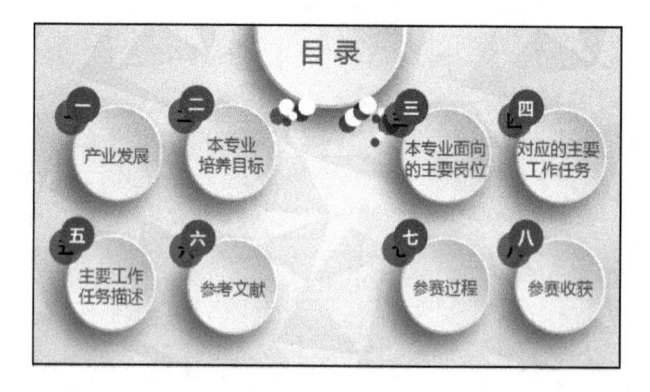

图 4-3　目录

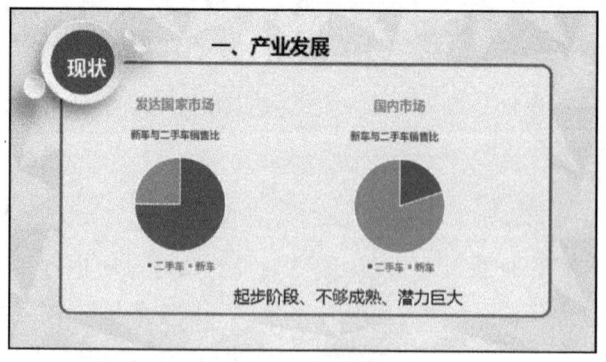

图 4-4　产业现状

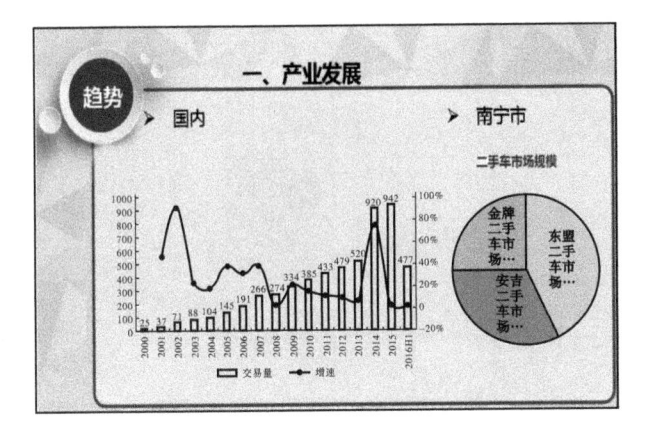

图 4-5 产业发展趋势

图 4-6 产业发展需求

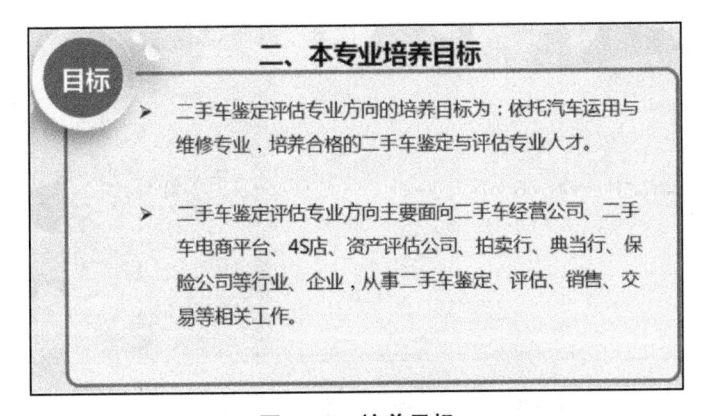

图 4-7 培养目标

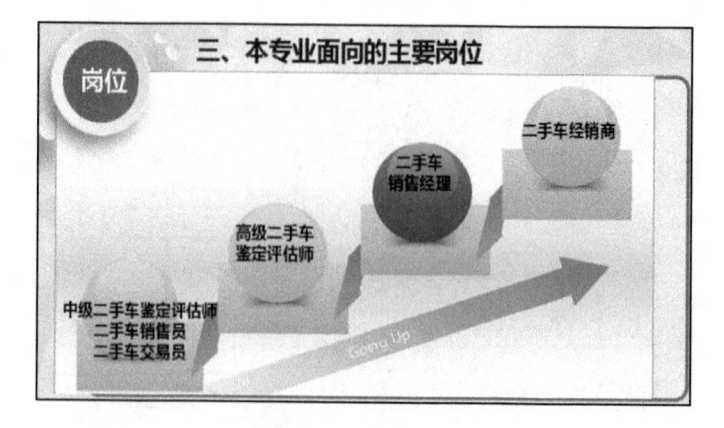

图 4-8　面向岗位

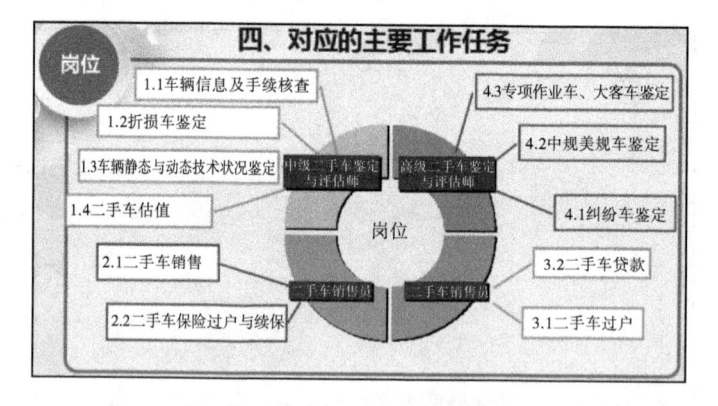

图 4-9　主要工作任务

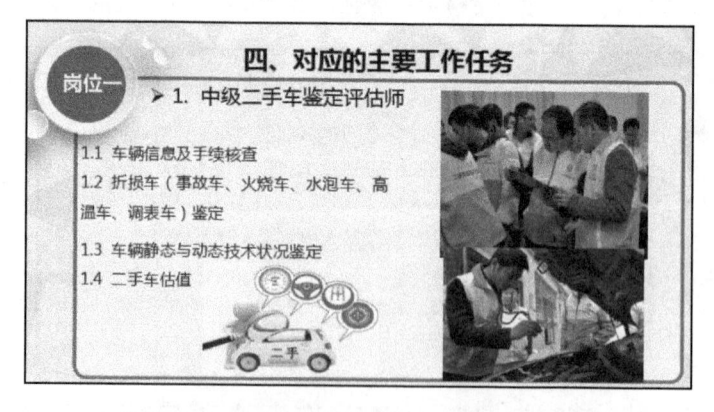

图 4-10　中级二手车鉴定评估师的主要任务

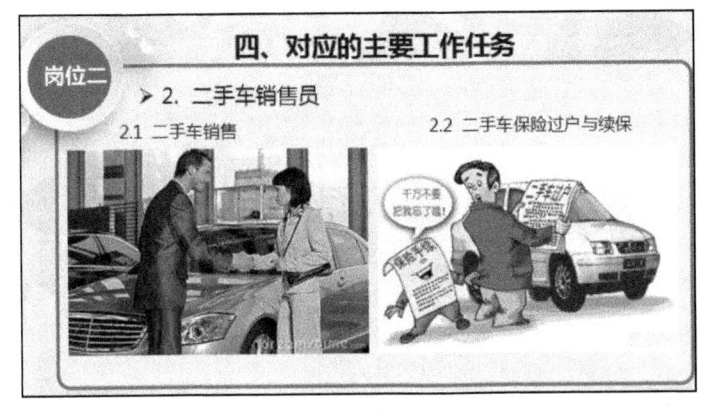

图 4-11　二手车销售员的主要任务

图 4-12　二手车交易员的主要任务

图 4-13　高级二手车鉴定评估师的主要任务

图 4-14 主要工作任务的描述

图 4-15 工作内容

图 4-16 鉴定步骤（一）

图 4-17　鉴定步骤（二）

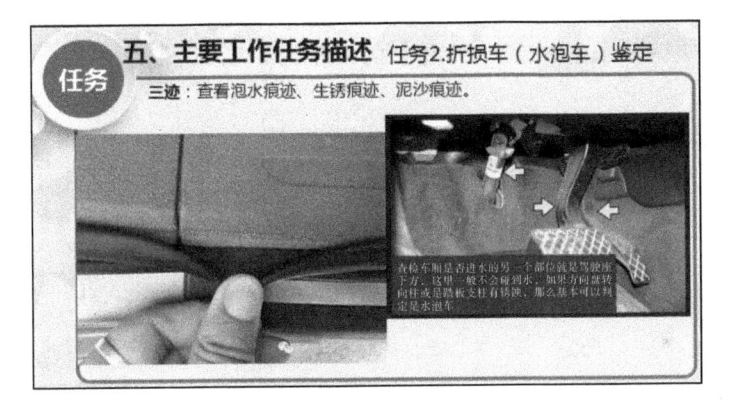

图 4-18　鉴定步骤（三）

图 4-19　劳动组织形式

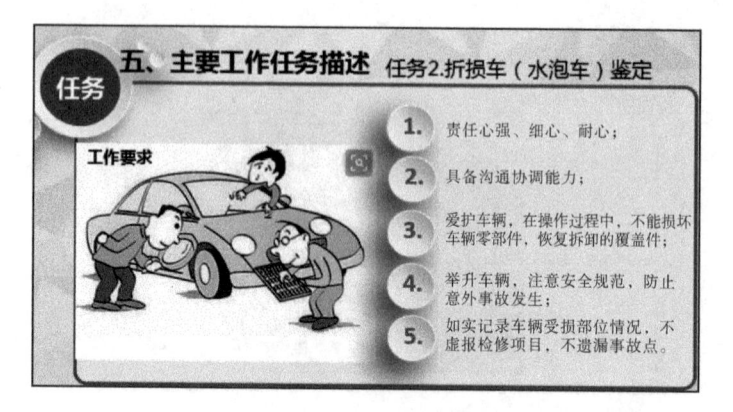

图4-20　工作要求

图4-21　参考文献

图4-22　参赛过程

（三）电子商务专业学生树立学习目标典型案例

电子商务专业
# 岗位任务认知文本

××团队
成员：××、××
2017 年 2 月 1 日

# 目 录

第一部分　产业发展 ……………………………………………… 141

第二部分　电子商务专业培养目标 ……………………………… 143

第三部分　电子商务专业面向的主要就业岗位 ………………… 144

第四部分　电子商务专业岗位对应的主要工作任务 …………… 145

第五部分　主要工作任务描述 …………………………………… 147

  主要工作任务1. 网站定位 …………………………………… 147

  主要工作任务2. 网页设计 …………………………………… 147

  主要工作任务3. 产品推广 …………………………………… 149

  主要工作任务4. 信息采编 …………………………………… 149

  主要工作任务5. 客户咨询问题回答 ………………………… 150

  主要工作任务6. 根据规则处理客户投诉/举报 …………… 151

  主要工作任务7. 客服数据整理分析 ………………………… 151

第六部分　参考文献 ……………………………………………… 153

# 第一部分 产业发展

（含现状、发展及人才需求情况的报告）

### 一、电子商务产业现状

电子商务作为现代服务业中的重要产业，有"朝阳产业、绿色产业"之称，具有"三高""三新"的特点。"三高"为高人力资本含量、高技术含量和高附加价值；"三新"是指新技术、新业态、新方式。人流、物流、资金流、信息流"四流合一"是对电子商务核心价值链的概括。近年来，电子商务快速发展，已经成为中国重要的社会经济形式和现代流通方式，广泛深入地渗透到生产、流通、消费等各个领域，改变着传统经营管理模式和生产组织形态，在增强国民经济发展活力、提高社会资源配置效率、促进中小企业发展、带动创新就业等方面发挥了重要作用。

2014年11月，李克强总理出席首届世界互联网大会时指出，互联网是大众创业、万众创新的新工具。其中"大众创业、万众创新"正是此次政府工作报告中的重要主题，被称作中国经济提质增效升级的"新引擎"，可见其重要作用。

2015年3月，在全国两会上，人大代表马化腾提交了《关于以"互联网+"为驱动，推进我国经济社会创新发展的建议》的议案，表达了对经济社会创新提出的建议和看法。他呼吁，我们需要持续以"互联网+"为驱动，鼓励产业创新、促进跨界融合、惠及社会民生，推动我国经济和社会的创新发展。马化腾表示，"互联网+"是指利用互联网的平台、信息通信技术把互联网和包括传统行业在内的各行各业结合起来，从而在新领域创造一种新生态。他希望这种生态战略能够被国家采纳，成为国家战略。

2015年3月5日上午，在十二届全国人大三次会议上，李克强总理在政府工作报告中首次提出"互联网+"行动计划。他指出，制订"互联网+"行动计划，推动移动互联网、云计算、大数据、物联网等与现代制造业结合，促进电子商务、工业互联网和互联网金融（ITFIN）健康发展，引导互联网企业拓展国际市场。

中国电子商务保持了持续快速发展的良好态势。商务部部长高虎城在2015年12月27日表示，2015年中国社会消费品零售总额预计达到30万亿元，稳居世界第二。高虎城在当天召开的全国商务工作会议上说，消费已成为经济增长的首要动力。"十二五"期间，全国电子商务交易额年均增长超过35%，预计2015年将达到20.8万亿元。网络零售额年均增长超过50%，预计2015年将达到4万亿元，位居世界第一。

## 二、电子商务产业发展

而在跨境电商方面，发展趋势也是非常强劲。在国家政策的支持下，我国跨境电子商务近几年保持快速增长态势。中国电子商务研究中心发布的《2014年度中国电子商务市场数据监测报告》显示，2014年，中国跨境电子商务交易规模为4.2万亿元，同比增长33.3%；我国跨境电子商务交易额中出口占比约为85.4%，进口占比约为14.6%，出口额远远大于进口额。中国企业出口商品主要是服装、饰品、小家电、数码产品等日用消费品，规模较大且增速较快。我国跨境电商进口处于起步阶段但增速很快，化妆品、护肤品、母婴用品、奢侈品、新潮服装、电子消费品、食品及保健品是跨境电子商务进口的主流商品。

## 三、电子商务人才需求

行业数据显示，整个电商行业迅猛发展的同时，电商行业对专业人才的需求缺口高达400多万。根据2015年前程无忧网统计，互联网/电子商务人才需求增长最快，与2014年同期相比，互联网/电子商务行业的职位需求增长迅猛，涨幅达102.7%。

# 第二部分　电子商务专业培养目标

本专业的培养目标为：培养在不同类型的企事业单位从事电子商务的策划、设计、维护与管理活动，能利用计算机及网络技术进行商务单证处理与传递，并能在企事业单位熟练进行网络营销活动等第一线工作的高素质技能型专业人才。

# 第三部分 电子商务专业面向的主要就业岗位

本专业面向的主要就业岗位分为两部分，即主要初始就业岗位和发展岗位。初始就业岗位主要指本专业毕业生刚毕业进入社会可以从事的与本专业相关的职业岗位。发展岗位主要指本专业毕业生在初始就业岗位上获得一定工作经验后可升迁的职业岗位。

本专业主要初始就业岗位为：面向物流行业及中小企业，培养从事移动电子商务建设、运营和维护、商业策划、营销推广、移动电子商务网上客服等工作的高素质技能型人才等。

主要发展岗位为：在国际贸易、金融、商业、物流等部门，从事电子商务、国际贸易、企业管理、商业服务、金融保险、销售等工作，或在企事业单位从事涉外商务管理等。

# 第四部分 电子商务专业岗位对应的主要工作任务

| 主要就业岗位 | 主要工作任务 | 职业能力 |
| --- | --- | --- |
| 电子商务网站运营 | 1. 网站定位 | 1. 市场调查能力；<br>2. 数据分析能力。 |
| | 2. 网页设计 | 1. 熟悉文字、图片处理软件；<br>2. 熟悉网页设计软件；<br>3. 具备审美能力；<br>4. 熟悉文字处理软件；<br>5. 熟悉数据处理软件。 |
| | 3. 产品推广 | 1. 文案写作能力；<br>2. 表达沟通能力；<br>3. 效果监测能力。 |
| | 4. 信息采编 | 1. 熟悉搜索工具；<br>2. 编辑写作能力；<br>3. 熟悉网络政策与法规。 |
| 网上客服 | 5. 客户咨询问题回答 | 1. 熟悉本企业的各个功能以及详细业务流程，对新功能及时跟进；<br>2. 能从本企业客户角度出发，制定并随时更新可能的 FAQ；<br>3. 能通过倾听，分析客户通过电话/网络反映的主要问题，并给出有效的解答；<br>4. 做出解答后，能针对行业特性进行问题回访，并自行制作填写反馈表。 |

续表

| 主要<br>就业岗位 | 主要工作任务 | 职业能力 |
| --- | --- | --- |
| 网上客服 | 6. 根据规则处理客户投诉/举报 | 1. 熟悉本企业对于客户投诉或举报的规则；<br>2. 能以正确的态度和心态对待各种客户投诉/举报，第一时间给出正确的应对措施；<br>3. 熟悉自我心理调节方法；<br>4. 能严格按照规则对投诉/举报进行处理；<br>5. 能自行制作、填写、处理满意度反馈表。 |
| | 7. 客服数据整理分析 | 1. 能制作客户信息列表及填写各基本数据；<br>2. 能分析出希望通过数据进行方向性指导的几方面；<br>3. 能主动询问客户数，购买客户数，投诉客户数，投诉后主动撤销客户数等数据的统计；<br>4. 能针对相关数据对上一阶段工作进行总结，及时弥补欠缺点；<br>5. 能对客户档案信息进行更新，维护老客户档案，跟进新客户档案；<br>6. 能对投诉处理等各项反馈表进行整理分析；<br>7. 能根据自己直接接触客户的经验与所获取的信息及数据，及时发现本企业管理或生产中潜在的问题及危险，或是新的机会；<br>8. 熟悉数据处理软件的基本应用。 |

# 第五部分　主要工作任务描述

**主要工作任务 1. 网站定位**

| 主要工作任务名称 | 网站定位 | |
|---|---|---|
| 主要工作任务描述 | 1. 市场调查能力；<br>2. 数据分析能力。 | |
| 工作内容及步骤<br>1. 信息收集员；<br>2. 客户网站；<br>3. 竞争对手网站；<br>4. 第三方电商平台。 | 工具、材料、设备与资料<br>1. 计算机；<br>2. 互联网；<br>3. 各类信息收集工具；<br>4. 网站分析工具。<br>工作方法<br>1. 问卷调查法；<br>2. 文献查阅法；<br>3. 头脑风暴法。<br>劳动组织方式<br>根据客户需要收集相应信息。 | 工作要求<br>1. 熟悉网络宏观及微观环境，分析网络营销环境要素；<br>2. 根据企业实际需求在网络上收集信息；<br>3. 会使用各类信息收集工具和命令进行信息收集。 |

**主要工作任务 2. 网页设计**

| 主要工作任务名称 | 网页设计 |
|---|---|
| 主要工作任务描述 | 1. 熟悉文字、图片处理软件；<br>2. 熟悉网页设计软件；<br>3. 具备审美能力；<br>4. 熟悉文字处理软件；<br>5. 熟悉数据处理软件。 |

续表

| 主要工作任务名称 | 网页设计 ||
|---|---|---|
| **工作内容及步骤**<br>1. 网页设计师从公司项目主管处接到网站设计策划任务后,进行用户调研,确定网页的内容。<br>2. 设计网页栏目及组织结构。<br>3. 准备素材:收集与整理相关资料。<br>4. 界面设计:根据网站的访问者对象、要提供的信息以及制作目标设计出一个最合适的网页架构进行美化网页界面,交付用户审核。<br>5. 必要时根据设计需要或用户需求修改网页界面。<br>6. 网页界面设计或修改完毕后,签字并交付项目主管验收。<br>7. 完成工作后将资料整理、归类与存档,并提供给项目主管备档。 | **工具、材料、设备与资料**<br>工具:计算机绘图软件;<br>材料:草稿纸、笔;<br>设备:计算机、打印机等;<br>资料:任务单、公司规章制度等。<br>**工作方法**<br>1. 查阅资料;<br>2. 使用工具;<br>3. 设计思路;<br>4. 界面布局;<br>5. 资料整理归类。<br>**劳动组织方式**<br>1. 一般以个人形式设计制作网页界面。<br>2. 从项目主管处领取工作任务单。<br>3. 与用户有效沟通,完成工作任务。<br>4. 与同事沟通,有效完成工作任务。<br>5. 从物料库领取所需用的材料。 | **工作要求**<br>1. 网页设计师接到网站设计的任务后,进行用户调研,确定网页的内容。<br>2. 设计网页栏目及组织结构。<br>3. 能根据用户要求收集与整理资料。<br>4. 能应用网页美化工具制作网页架构并美化网页界面。<br>5. 能读懂网页设计中的术语。<br>6. 能按照用户要求设计制作网页界面,并按时、按质、按量完成设计制作任务。<br>7. 能按公司管理制度将完成后的网页设计界面交付主管部门审核。<br>8. 必要时根据设计需要或用户需求修改网页界面。<br>9. 能将最终图纸资料整理、归类与存档,并提供给项目主管备档。<br>10. 能严格执行辅助设备的操作规范,并做好设备的保养工作。<br>11. 能按照公司管理规定节约使用各类耗材。 |

### 主要工作任务 3. 产品推广

| 主要工作任务名称 | 产品推广 |||
| --- | --- | --- | --- |
| 主要工作任务描述 | 1. 文案写作能力；<br>2. 表达沟通能力；<br>3. 效果监测能力。 |||
| 工作内容及步骤<br>1. 信息编辑员；<br>2. 软文；<br>3. 营销产品；<br>4. 客户网站。 | 工具、材料、设备与资料<br>1. 计算机；<br>2. 互联网；<br>3. 规范的软文模板；<br>4. 文案内容。<br>工作方法<br>文献查阅法。<br>劳动组织方式<br>根据企业产品营销需要撰写相应宣传软文。 || 工作要求<br>1. 有一定的语文功底，具有基本的写作能力；<br>2. 掌握一定的心理知识、营销知识，具有一定的广告传播知识；<br>3. 必须要有一定的信息捕捉能力，新闻写作能力；<br>4. 能够结合时下热点事件，运用网络新闻词汇，巧妙融合产品广告信息；<br>5. 有一定的策划能力、沟通能力及人脉资源等。 |

### 主要工作任务 4. 信息采编

| 主要工作任务名称 | 信息采编 |||
| --- | --- | --- | --- |
| 主要工作任务描述 | 1. 熟悉搜索工具；<br>2. 编辑写作能力；<br>3. 熟悉网络政策与法规。 |||
| 工作内容及步骤<br>1. 网络营销专员；<br>2. 客户网站；<br>3. 搜索引擎。 | 工具、材料、设备与资料<br>1. 计算机；<br>2. 互联网；<br>3. 各类优化工具；<br>4. 搜索引擎效果分析工具。<br>工作方法<br>1. 头脑风暴法；<br>2. 对比分析法。<br>劳动组织方式<br>1. 团队任务；<br>2. 个体任务；<br>3. 能根据网络营销总体规划制定和调整搜索引擎优化方案。 || 工作要求<br>1. 理解搜索引擎营销原理；<br>2. 熟悉搜索引擎营销的主要模式；<br>3. 掌握搜索引擎营销的基本方法；<br>4. 根据搜索引擎排名优化规则对客户网站进行优化；<br>5. 熟悉搜索引擎的竞价方式；<br>6. 熟悉各种优化工具；<br>7. 掌握搜索引擎营销效果分析的方法。 |

## 主要工作任务 5. 客户咨询问题回答

| 主要工作任务名称 | 客户咨询问题回答 |
|---|---|
| 主要工作任务描述 | 1. 熟悉本企业的各个功能以及详细的业务流程，对新功能及时跟进；<br>2. 能从本企业客户角度出发，制定并随时更新可能的 FAQ；<br>3. 通过倾听，分析出客户通过电话/网络反映的最主要的问题，并给出最有效的解答；<br>4. 做出解答后，能针对行业特性进行问题回访，并自行制作填写反馈表。 |
| **工作内容及步骤**<br>1. 掌握基本客服礼仪，根据客户咨询内容，熟练使用客服的电脑表情、语言文字。<br>2. 熟悉 FAQ 系统，对常见问题的咨询解答进行记背，与客户交流的过程中更显专业性。<br>3. 记录咨询服务，根据客户的咨询，填写各类表格、表单；及时反馈或上报。<br>4. 熟悉各类平台的在线客服工具，并能根据咨询高效地完成服务。<br>5. 掌握店铺商品信息，并能通俗地反馈给咨询客户，促进商品成交。 | **工具、材料、设备与资料**<br>1. 话筒、计算机、互联网；<br>2. 客户疑问；<br>3. 客服平台（工具）操作说明性文本；<br>4. 客服话术文本；<br>5. 商品的基本情况介绍。<br>**工作方法**<br>1. 实践法；<br>2. 观察法；<br>3. 归纳法。<br>**劳动组织方式**<br>1. 个人独立完成，其他部门协助，如运营部；<br>2. 直接与客户沟通。 | **工作要求**<br>1. 为人热情好客、耐心细致、有亲和力，具有良好的工作责任心；<br>2. 具备良好的语言表达能力，善于沟通，普通话标准；<br>3. 熟练使用各类电商平台客服系统功能菜单，打字速度快；<br>4. 熟悉店铺商品销售及客服话术文本；<br>5. 能完成网上购物的售前服务，在线解答顾客产品疑问，进行产品导购，及时、耐心地回答顾客的相关咨询，售中客户订单跟踪、物流状态跟进，售后客户反馈问题处理，退换货处理，中差评处理等，以提升店铺服务质量和消费者的购物体验，促进订单成交。 |

## 主要工作任务 6. 根据规则处理客户投诉/举报

| 主要工作任务名称 | 客户咨询问题回答 |||
|---|---|---|---|
| 主要工作任务描述 | 1. 熟悉本企业对于客户投诉或举报的规则；<br>2. 能以正确的态度和心态对待各种客户投诉/举报，第一时间给出正确的应对措施；<br>3. 熟悉自我心理调节方法；<br>4. 能严格按照规则对投诉/举报进行处理；<br>5. 能自行制作填写处理满意度反馈表。 |||
| 工作内容及步骤<br>1. 店铺的评价处理：在客服平台上对接收到的客户评价进行处理，提升店铺信誉度。<br>2. 客户投诉的处理：在客服平台上对接收到的客户投诉进行处理，遵循接受投诉、平息怨气、澄清问题、探讨解决、采取行动、感谢客户的原则。<br>3. 平台处罚的处理：熟记平台处罚规定，并针对平台处罚进行有效的解释。 | 工具、材料、设备与资料<br>1. 话筒、计算机、互联网、客服平台；<br>2. 销售前、中、后出现的质量、退款、更换、安装、使用等一系列问题。<br>工作方法<br>1. 观察法；<br>2. 对比分析法；<br>3. 实践法。<br>劳动组织方式<br>1. 个人程序化完成；<br>2. 跨部门协助完成。 || 工作要求<br>1. 能细心、耐心地倾听每一起投诉并进行适当处理；<br>2. 会处理店铺的客户评价；<br>3. 会判断不同类型的客户投诉并妥善处理；<br>4. 熟知平台处罚规定并能处理。 |

## 主要工作任务 7. 客服数据整理分析

| 主要工作任务名称 | 客服数据整理分析 |
|---|---|
| 主要工作任务描述 | 1. 能制作客户信息列表及填写各项基本数据；<br>2. 能分析出哪几方面希望通过数据进行方向性指导；<br>3. 能主动询问客户数，购买客户数，投诉客户数，投诉后主动撤销客户数等数据的统计；<br>4. 能针对相关数据对上一阶段工作进行总结，及时弥补欠缺点；<br>5. 能对客户档案信息进行更新，维护老客户档案，跟进新客户档案；<br>6. 能对投诉处理等各项反馈表进行整理分析；<br>7. 能根据自己直接接触客户的经验与所获取的信息及数据，及时发现本企业管理或生产中的潜在问题及危险，以及新的机会；<br>8. 熟悉数据处理软件的基本应用。 |

续表

| 主要工作任务名称 | 客服数据整理分析 |
|---|---|
| **工作内容及步骤**<br>1. 网店商品的基本消费者情况：在网店后台调用消费者在网店的访问轨迹，分析消费者喜爱的商品类型，访问时间段，跳出率，转化率，成交金额，划分消费者类型，为后期商品的调整进行有效的消费群体选择。<br>2. 商品基本信息：根据消费者在平台上搜索的关键词、点击率、页面停留时间、评论等信息，筛选更加符合网店盈利及消费者需求的商品种类。<br>3. 各类网店数据分析的操作方法：网店后台数据功能包括流量分析、销售分析、行业分析、客户分析、营销分析、无线端分析等，根据各类数据报表，进行网店整体战略的布局，使网店能够持续发展。 | **工具、材料、设备与资料**<br>1. 接入互联网的计算机；<br>2. 网上开店的后台用户账号、密码；<br>3. 各类数据平台的特点、人群分布及消费情况；<br>4. 利用各平台购物数据，分析消费者的购物行为、能力、服务级别。<br>**工作方法**<br>1. 对比分析法；<br>2. 实践法；<br>3. 归纳法。<br>**劳动组织方式**<br>1. 个人负责完成，跨部门收集信息，如产品运营部、推广部等；<br>2. 与平台商沟通，收集信息，如产品运营部、推广部等。<br><br>**工作要求**<br>1. 能清楚地知道商品基本信息及功能；<br>2. 能使用数据分析平台菜单的各项功能；<br>3. 能了解消费者的购物行为特征；<br>4. 能根据数据分析的结果进行营销活动；<br>5. 能根据经营总报告，调整网店的经营策略。 |

# 第六部分 参考文献

[1] 上海市教育委员会. 职业教育国际水平专业教学标准开始的研究与实践 [M]. 上海：华东师范大学出版社，2013.

[2] 毛艳琼. 电子商务类岗位工作任务与职业能力分析 [J]. 教育教学论坛. 2015，(11)：57-58.

[3] 文世润. 网络信息编辑项目教程 [M]. 北京：人民邮电出版社，2013.

[4] 全国电子商务运营技能竞赛组委会. 网店运营实务 [M]. 北京：中央广播电视大学出版社，2016.

[5] 方荣华. 电子商务客户服务 [M]. 北京：电子工业出版社，2016.

[6] 童海君. 网店美工 [M]. 北京：北京理工大学出版社，2015.

(四）汽车运用与维修专业学生树立学习目标典型案例

汽车运用与维修专业
## 工作过程知识文本

××团队
成员：××、××
2017 年 10 月 10 日

# 目 录

- 第一部分　汽车产业发展 ………………………………………… 156
- 第二部分　汽车运用与维修专业培养目标 ……………………… 158
- 第三部分　汽车运用与维修专业面向的岗位 …………………… 159
- 第四部分　汽车运用与维修专业岗位对应的主要工作任务 …… 160
- 第五部分　主要工作任务描述 …………………………………… 162
  - 主要工作任务1. 客户接待 …………………………………… 162
  - 主要工作任务2. 车辆维修过程质量跟进 …………………… 162
  - 主要工作任务3. 新车保养 …………………………………… 163
  - 主要工作任务4. 车辆常规保养 ……………………………… 164
  - 主要工作任务5. 车轮换位 …………………………………… 164
  - 主要工作任务6. 发动机故障灯长亮 ………………………… 165
  - 主要工作任务7. 离合器打滑检修 …………………………… 166
  - 主要工作任务8. 雨刮电机无高速挡检修 …………………… 166
- 第六部分　参赛收获 ……………………………………………… 167
- 第七部分　参考文献 ……………………………………………… 168

# 第一部分 汽车产业发展

（含现状、发展及人才需求情况的报告）

随着汽车行业的发展，我国汽车保有量正以每年500多万辆的速度递增。自2009年起我国汽车产销量已稳居世界第一，汽车产业已经成为我国国民的支柱产业。这其中私家车主成为主要的消费群体，从而导致对汽车品牌、性能和个性化的需求发生根本性的变化，对从事汽车保养、维修等方面的高技能人才的需求日益增长。同时随着汽车后市场服务的延伸，与汽车维修专业相关的汽车保险与理赔、旧机动车鉴定与评估等相关汽车客户服务岗位人员的需求量也正在增大。

现在国内整个汽车业仍处于初始发展阶段，后市场起步比较晚，后市场的利润发掘也没有全面展开，其占汽车产业链的利润比与发达国家有相当大的差距，市场存在着非常广阔的发展空间。汽车卖场如火如荼，服务后市场却人才匮乏。从人才的需求类型可以看出，汽车市场的竞争已经开始拼售后服务了。

目前汽车行业的发展趋势是朝着电子化的方向发展，电子装置在汽车上所占的比重越来越大，对售后汽车维修人才越来越倾向于能利用现代电子检测仪器对汽车故障进行诊断分析，排查故障并修复原件。而现代汽车修理方式大都采用"换件式"的修理方式，虽然近些年汽车维修从业人员的素质已经有了提升，但还不能满足需求，还存在着学历水平参差不齐，结构不合理，总体文化程度偏低、技术知识滞后、接受能力差的问题。相关数据显示，我市目前从事汽车维修服务的人员有60 000多人，其中技术负责人员7 000人，质量检测人员8 000人，其他维修人员40 000人，但在这些汽车维修企业中具备高级工、技师、高级技师资质的专门技能人才还不到10%。70%的职工只有初中文化水平，真正具有汽车零部件故障诊断能力的优秀技工不足20%。我区人才网大数据统计显示，汽车行业人才需求同比上涨较大，而企业期望人才的学历长期集中在大专和本科，占比分别是45.9%和38.7%。这就意味着中专学生如果没有突出优势，在同等竞争中很难脱颖而出！

另外，人才网的数据显示，我区汽车维修职业平均薪酬期望值是3 837元，实际平均薪酬为4 269元，达到了全区中等水平，且技能等级越高，工资越高。

随着我国汽车产量的进一步扩张，必然需要大量职业化、专业化的服务人才。因此，汽车运用与维修专业的前景是非常广阔的。

# 第二部分　汽车运用与维修专业培养目标

本专业的培养目标为：培养德、智、体、美全面发展，面向汽车维修和服务一线，具备汽车构造与维修、汽车检测的专业知识和熟练技能，同时掌握汽车行业相关知识（如配件与营销、保险理赔等），熟悉企业工作流程，能按作业规范完成相应工作，在汽车后市场服务领域从事汽车维修、服务的高素质高技能型人才。

# 第三部分　汽车运用与维修专业面向的岗位

本专业面向的主要就业岗位分为两部分，即主要初始就业岗位和发展岗位。初始就业岗位主要指本专业毕业生刚毕业进入社会可以从事的与本专业相关的职业岗位。发展岗位主要指本专业毕业生在初始就业岗位上获得一定工作经验后可升迁的职业岗位。经过人才网数据分析对岗位职能的要求，并结合我校教学情况以及学生就业发展情况（中职毕业可以考取中级维修工证，而后从事相关行业 5 年方能考取高级工证。刚入职即使有中级工证也要从学徒做起，待技术成熟后即使没有高级工证也可以成为师傅。这就是证书与技能的不对等性）。汽车运用与维修专业面向的主要岗位如下。

**初始岗位：**

1. 汽车服务顾问；
2. 汽车中级修理工（国家职业资格四级）。

**发展岗位：**

3. 汽车高级修理工（国家职业资格三级）。

证书与技能有不对等性。学生只有在学校时期具有工匠精神的潜心专研，在有老师教授、掌握扎实理论和技能的基础上，其工作才能很快上手，突破证书与技能的不对等。同时，在校时培养良好的学习习惯以及思维思考方式也能使学生在离校后还能有持续学习甚至终身学习的能力。

# 第四部分　汽车运用与维修专业岗位对应的主要工作任务

| 主要就业岗位 | 主要工作任务 | 职业能力 |
| --- | --- | --- |
| 汽车服务顾问 | 1. 客户接待 | 1. 具备良好的服务礼仪、沟通能力；<br>2. 汽车专业的基础知识。 |
| | 2. 车辆维修过程质量跟进 | 1. 熟悉汽车维修的流程，掌握汽车维修知识；<br>2. 熟悉与汽车相关的法规、与消费者相关的法规和商业惯例。 |
| 汽车中级维修工 | 3. 新车首保 | 1. 拥有机动车驾驶证；<br>2. 熟悉车辆保养规则流程；<br>3. 有责任心。 |
| | 4. 车辆常规保养 | 1. 拥有机动车驾驶证；<br>2. 熟悉车辆保养规则流程以及保养标准；<br>3. 有责任心。 |
| | 5. 车轮换位 | 1. 拥有机动车驾驶证；<br>2. 熟悉车辆保养规则流程以及保养标准；<br>3. 拥有相关专业知识。 |

续表

| 主要就业岗位 | 主要工作任务 | 职业能力 |
|---|---|---|
| 汽车高级维修工 | 6. 发动机故障灯长亮检修 | 1. 拥有机动车驾驶证；<br>2. 拥有一定的维修经验和思考判断能力；<br>3. 能正确使用仪器设备；<br>4. 拥有相关专业知识。 |
| | 7. 离合器打滑检修 | 1. 拥有机动车驾驶证；<br>2. 拥有一定的维修经验和思考判断能力；<br>3. 能正确使用仪器设备。 |
| | 8. 雨刮电机无高速挡检修 | 1. 拥有机动车驾驶证；<br>2. 拥有一定的维修经验和思考判断能力；<br>3. 能正确使用仪器设备。 |

# 第五部分　主要工作任务描述

### 主要工作任务 1. 客户接待

| 主要工作任务名称 | 客户接待 | |
|---|---|---|
| 主要工作任务描述 | 接待进店维修保养的客户，在与客户交流的同时进行初步检查，了解车况，包括是否有损伤、客户个人需要做的项目、其他项目，做好记录，录入服务系统。与客户确认维修保养的项目，反馈当前确定项目的价格。派工单入修理车间。 | |
| 工作内容及步骤 | 工具、材料、设备与资料 | 工作要求 |
| 1. 记录车主、车辆信息，检查保养手册。<br>2. 确认车辆是否有其他损伤。<br>3. 初步判断受损范围。<br>4. 初步判断维修配件价格、工时、修复交车时间。<br>5. 与客户确认是否维修。<br>6. 派工单到维修车间。 | 电话、必要的填写单据（接车问诊单、维修工单）、计算机。<br>**工作方法**<br>交流法、观察法。<br>**劳动组织方式**<br>以个人的工作方式为主，向维修客户提供优质的服务并解答客户的疑问，能与维修人员进行有效沟通。 | 1. 了解汽车维修的基本知识，做好接待工作。<br>2. 如实、详尽、认真地填写接车问诊单，估算维修费用及工期要准确。<br>3. 对待客户耐心、细心、热心。<br>4. 拥有机动车驾驶证。 |

### 主要工作任务 2. 车辆维修过程质量跟进

| 主要工作任务名称 | 车辆维修过程质量跟进 |
|---|---|
| 主要工作任务描述 | 及时向车主反馈维修组的提议维修项目，确定中途是否额外添加项目。在整个维修过程中跟进包括维修质量、配件、进度等可能出现的问题，及时和客户沟通协商。同时要帮助客户办理保险，做好填写保修手册和交车的工作。 |

续表

| 主要工作任务名称 | 车辆维修过程质量跟进 | |
|---|---|---|
| 工作内容及步骤<br>1. 与仓库沟通使用的配件是否有货。如果没有，与客户协商订配件事宜。<br>2. 与维修组和车间调度质检员沟通，了解维修进度。<br>3. 如有额外增加项目，及时告知顾客，征求意见。<br>4. 协助客户办理保险。<br>5. 待车辆维修完毕，质检员验收合格，协助客户缴费，办理保修记录，交车。 | 工具、材料、设备与资料<br>维修车辆、电话、派工单、计算机、报价单。<br>工作方法<br>观察法、询问法。<br>劳动组织方式<br>通过与维修组协商和分配相应的维修项目，为顾客提供快捷有效的方案，个人完成，团队协作。 | 工作要求<br>1. 熟悉汽车维修的流程，掌握汽车维修知识。<br>2. 熟悉各种配件的单价，及时为客户报价。<br>3. 了解保险办理流程。<br>4. 熟悉与汽车相关的法规、与消费者相关的法规和商业惯例。 |

### 主要工作任务 3. 新车保养

| 主要工作任务名称 | 新车保养 | |
|---|---|---|
| 主要工作任务描述 | 根据维修手册要求，对新车进行检查调整，对有关油液补给更换，紧固螺钉。 | |
| 工作内容及步骤<br>1. 领取工单，确定项目为新车保养后，领取相应配件，准备工具。<br>2. 检查轮胎状况。<br>3. 检查电器系统使用情况。<br>4. 目视检查车辆有无漏液、线路破损。<br>5. 目视检查皮带状况。<br>6. 检查调整各踏板高度和行程。<br>7. 调整手制动器行程。<br>8. 更换机油和机油格。<br>9. 紧固车辆螺钉，尤其是底盘螺钉。 | 工具、材料、设备与资料<br>维修工单、维修手册，机油及机油格，套筒、扳手、扭力扳手等工具、举升机。<br>工作方法<br>检查法、更换法。<br>劳动组织方式<br>以个人的工作方式为主，向维修客户提供优质的服务并解答客户的疑问，能与其他维修人员进行有效沟通。 | 工作要求<br>1. 操作规范，注意安全。<br>2. 认真填写维修记录单以及领料单。<br>3. 作业认真仔细。<br>4. 拥有机动车驾驶证。<br>5. 爱岗敬业。 |

## 主要工作任务 4. 汽车常规维护

| 主要工作任务名称 | 汽车定期维护 |
|---|---|
| 主要工作任务描述 | 完成车辆常规保养项目,包括检查五液一电(机油、冷却液、方向机油、刹车油、玻璃清洗剂和电瓶电压)。更换机油和油格。 |

| 工作内容及步骤 | 工具、材料、设备与资料 | |
|---|---|---|
| 1. 接受服务顾问的派工单,确认维护项目。<br>2. 检查发动机五液一电是否正常,并对照汽车里程表和保养手册,适时更换或添加。<br>3. 根据维护项目确定维护所需的工具和检测仪器,领取维护所需的材料和配件,定期保养需要固定更换的机油和油格。<br>4. 发现维修增项先报与车间主管和服务顾问,由服务顾问与客服协商确定后才能按规范对车辆进行维护作业。<br>5. 完工后先自检,并需要质检员进行最终检查才能向服务顾问交车。 | **工具**:套筒、扳手,机油滤清器扳手,火花塞套筒、游标卡尺、万用表、试灯、方向盘套、脚垫、翼子板护垫等。<br>**材料**:机油、机油滤清器、防冻液、汽油滤清器、空气滤清器、制动片等。<br>**设备**:车辆、举升机等。<br>**资料**:维修工单、维修手册、安全操作规程等。<br>**工作方法**<br>拆解法、观察法、测量法。<br>**劳动组织方式**<br>通过与维修组协商和分配相应的维修项目,团队协作完成。 | **工作要求**<br>1. 操作规范,注意安全。<br>2. 认真填写维修记录单以及领料单。<br>3. 作业认真仔细。<br>4. 拥有机动车驾驶证。<br>5. 具备查找资料的能力,能根据保修手册要求进行保养项目。<br>6. 爱岗敬业。 |

## 主要工作任务 5. 车轮换位

| 主要工作任务名称 | 车轮换位 |
|---|---|
| 主要工作任务描述 | 根据汽车构造原理,通过科学、系统的专业化检查、测试与勘测手段,对汽车碰撞与事故现场进行综合分析,运用车辆估损资料与维修数据,对车辆碰撞修复进行科学系统的估损定价。 |

续表

| 主要工作任务名称 | 车轮换位 | |
|---|---|---|
| 工作内容及步骤<br>1. 扭力扳手对角松开车轮螺栓。<br>2. 将车轮顶离地面。<br>3. 对角均匀分次地松开螺栓，取下车轮。<br>4. 气压表检测轮胎的气压，不足则补气。<br>5. 检测轮胎的花纹深度和磨损情况。<br>6. 固定好车轮位置，用手将螺栓拧入。<br>7. 车辆落地，用扭力扳手对角线扭紧螺钉到制定力矩。 | 工具、材料、设备与资料<br>千斤顶或举升机，扭力扳手，轮胎套筒、气压表、维修手册。<br>工作方法<br>拆解法、观察法。<br>劳动组织方式<br>团队协助。 | 工作要求<br>1. 操作规范，注意安全。<br>2. 认真填写维修记录单以及领料单。<br>3. 作业认真仔细，熟练。<br>4. 拥有机动车驾驶证。<br>5. 爱岗敬业。 |

### 主要工作任务6. 发动机故障灯长亮

| 主要工作任务名称 | 发动机故障灯长亮 | |
|---|---|---|
| 主要工作任务描述 | 行驶过程中发动机故障灯长亮，通过诊断确定故障点排除故障。 | |
| 工作内容及步骤<br>1. 根据工单了解故障相关情况：现象，发生原因，是否检修，具体检修部分等。<br>2. 观察是否有插接件松动，导线断路，各管路连接的情况。<br>3. 尝试启动故障灯，观察是否还亮，必要时试车。<br>4. 利用解码器读取故障码，如果有故障码，根据故障码的提示，对照维修手册检修电路。<br>5. 如果故障灯还亮，或者第一次读取故障码没有码时，读取数据流，进行数据分析。<br>6. 检修相关部件，维修或更换。<br>7. 排除故障后，试车加以确定。 | 工具、材料、设备与资料<br>工单、维修手册、解码器、示波器、万用表、试灯。<br>工作方法<br>观察法、设备诊断法、实际测试法。<br>劳动组织方式<br>团队协作，由师傅带学徒共同完成。 | 工作要求<br>1. 操作规范，注意安全。<br>2. 有丰富的经验技术，拥有诊断分析、故障排除的能力。<br>3. 能正确使用仪器设备，如解码器、示波器等。<br>4. 拥有机动车驾驶证。<br>5. 拥有查阅资料、维修手册和网络咨询的能力。<br>6. 爱岗敬业。 |

### 主要工作任务 7. 离合器打滑检修

| 主要工作任务名称 | 离合器打滑检修 |
|---|---|
| 主要工作任务描述 | 根据故障现象判断离合器是否打滑，检修更换相应零部件。 |
| **工作内容及步骤**<br>1. 根据工单了解故障情况。<br>2. 试车：拉紧辅助制动器，启动怠速挂低速挡，松开离合踏板时，不熄火。确认离合器打滑。<br>3. 检查摩擦片是否有油污，有则清理油污。检查是否有破损、磨损、烧蚀，更换摩擦片。<br>4. 检查分离轴承是否烧损或卡死，更换分离轴承。<br>5. 检查零件是否变形导致摩擦片和压盘结合不良，更换相应零件。<br>6. 排除故障后，试车确定。 | **工具、材料、设备与资料**<br>游标卡车、厚薄规、套筒扳手等工具，举升机，维修手册。<br>**工作方法**<br>观察法，拆解法，测量法，更换法。<br>**劳动组织方式**<br>团队合作。 | **工作要求**<br>1. 操作规范，注意安全。<br>2. 有丰富的经验技术，拥有诊断分析、故障排除的能力。<br>3. 能正确使用仪器设备。<br>4. 拥有机动车驾驶证。<br>5. 爱岗敬业。 |

### 主要工作任务 8. 雨刮电机无高速挡检修

| 主要工作任务名称 | 雨刮电机无高速挡检修 |
|---|---|
| 主要工作任务描述 | 根据故障现象判断离合器是否打滑，检修更换相应零部件。 |
| **工作内容及步骤**<br>1. 根据工单了解故障情况。<br>2. 观察雨刮电机是否有插接件松动，导线断路的情况。<br>3. 就车测试雨刮工作情况，其他挡位正常，没有高速挡。<br>4. 用新雨刮电机测试是否为电机问题。如果不是，进入下一步。<br>5. 解码器读取故障码和控制模块数据流。<br>6. 无故障码，数据流正常，说明电脑已发出指令，借助维修手册检查线路。<br>7. 如果有故障码，数据流出现异常，根据提示检查相应电子元件，排除故障。<br>8. 排除故障后，试车确定。 | **工具、材料、设备与资料**<br>维修手册、保修手册，解码器，万用表，试灯，新雨刮电机。<br>**工作方法**<br>观察法，拆解法，更换法，仪器测试法。<br>**劳动组织方式**<br>团队合作。 | **工作要求**<br>1. 操作规范，注意安全。<br>2. 有丰富的经验技术，拥有诊断分析、故障排除的能力。<br>3. 能正确使用仪器设备，如解码器、示波器等。<br>4. 拥有机动车驾驶证。<br>5. 拥有查阅资料、维修手册和网络咨询的能力。<br>6. 爱岗敬业。 |

# 第六部分　参赛收获

首先，感谢学校组织了这次活动。其次，感谢各位队友的相互配合，以及同科室老师的协助。通过这次比赛，我们看到了汽车运用与维修专业是一个很有发展前途、就业率高、待遇好的专业，同时也是一项有挑战性的专业，需要扎实的理论基础和长期的技能磨炼，这其中会遇到很多困难，只有爱岗敬业的人才能在这个行业里立足。也只有养成热爱学习、终身学习的好习惯才能让自己在变化多端、日新月异的汽车维修行业里得到长足发展。我们是精工团队，执工匠人之心，铸汽车人精神！

# 第七部分　参考文献

[1] 曹德芳. 汽车维修 [M]. 北京：人民交通出版社，1999：70-78.

[2] 王静文. 汽车诊断与检测技术 [M]. 北京：人民交通出版社，1998：90-120.

[3] 徐华东. 桑塔纳轿车维修技术 [M]. 济南：山东科学技术出版社，2000：34-41.

[4] 戴冠军. 广州本田雅阁发动机的检查与调整 [J]. 汽车技术，2002，(6)：36-38.

[5] 马云贵. 汽车发动机电器与控制系统检修 [M]. 北京：北京理工大学出版社，2016.

# 第五章 中职生学习目标的研究结论

要展开对中职学生如何树立学习目标的研究，我们必须要明确学习质量的表征维度、开展学生学业的成就评价、建立学校章程、了解中职学生最喜欢的学习方式、建设现代化示范职业学校、专业教学与生产实际对接等问题。

## 一、学习质量的表征维度

对学习者而言，学习质量的好坏是对自身学习过程进行评价的一个非常重要的参考指数。那么，什么是学习质量？质量是指一组固有特性满足要求的程度。因此，学习质量就是通过学习者的固有特性满足学习要求的程度。在同一时间段内，学生越接近学习要求，说明其学习质量越高；反之，则说明学习质量较低。对于中职学生而言，学习质量要求的制订主要依据学习成绩、专业技能、处事和沟通能力、服务意识和职业素养五个方面。因此，这五个方面便成为学习质量的重要表征维度。前两项为才，后两项为德，人以德立，以才长，二者缺一不可。

### （一）学习成绩

在学校里，评价学生主要是通过学习成绩而进行的。学习成绩的好坏在很大程度上反映出一名学生理论学习修养的优劣或好坏。通常，学习成绩好的学生被认为是在相同时间内掌握更多知识的人，是学习质量较高者的代表。他们往往是熟练掌握本专业相关理论的人，是具备较高理论素养的人。那么，如何衡量中职学生的学习成绩呢？通常情况下，教师可以从平时作业、课堂提问、小测验和定期考试等方面来衡量。平时作业可以反映学生对某一问题的理解程度是否深刻、是否到位；课堂提问可以反映学生对于之前老师所讲授内容的熟识程度；小测验可以反映学生对于阶段性学习内容的掌握程度；定期或不定期的考试可以反映学生对于某一门课程内容和知识的掌握或理解程度。也就是说，通过以上四个方面内容的考察，教师能够对学生的学习成绩作出恰当的衡量或评估。

在已经明晰学习成绩衡量标准的前提下，怎样才能提高中职学生的学习成绩呢？对于学习成绩而言，其存在较多的影响因素，有学习者自身的因素，也有与学习者相关联的外界因素。

1. 学习者自身

从学习者自身来看，主要的因素有学习者的学习基础、学习态度、学习习惯等。其中，学习基础较扎实的学生在学习中容易体验到成功感，进而会以更加积极的态度投入到新的学习中，从而获得优良的学习成绩；反之，学习基础较薄弱的学生在学习过程中会遇到较多的挫折，如果其心理素质较差，很容易产生厌学心理，从而导致学习成绩不断下滑。因此，对于学习基础不太理想的学生来说，其心理调节至关重要。不仅如此，对于一名中职学生而言，不管其学习基础扎实还是薄弱，学习态度都是非常重要的。如果学习态度不端正，对学习持一种得过且过、敷衍搪塞的态度，即使其一开始有很好的学习基础，但随着学习进程的不断深入，也会慢慢跟不上学习的步伐，最终落在后面。如果学习态度端正，对学习持一种积极向上、勇于征服、不断坚持的态度，即使一开始学习基础很差，也一样可以取得理想的学习成绩，最终成为学习中的成功者。另外，学习习惯的好坏对学习者的学习同样极为重要，在很大程度上可以起到催化剂的作用。良好的学习习惯能事半功倍，不良的学习习惯则会起到事倍功半的作用。因此，养成良好的学习习惯对学习成绩的提高亦有重要作用。

2. 相关联的外界因素

与学习者相关联的外界因素包括教师教学水平、学习环境等因素。第一，在外界因素中，教师的教育教学水平是最为重要的一项。教师是人类灵魂的工程师，对学生的成长起着非常关键的塑造作用。教师教学水平越高，越能吸引更多的学生投入到学习上，让学生在学习的质和量两方面均得到显著提高。反之，则会直接影响学生的学习积极性，进而波及学生的学习成绩。但在教学活动中，教师的"教"与学生的"学"是一个有机的整体。因此，在注重提高教师的教育教学水平时，亦不可放松对学生"学"的要求。第二，学习环境对于学习者来说并不是决定性因素，但可以影响学生学习的心境。在一个图书资源丰富、学习氛围良好的环境下，学生学习时会觉得轻松愉悦，愿意将更多的精力用到学习上，进而达到提升学习成绩和学习质量的效果。反之，在一个学风不佳的环境中，学生的精力会被各种杂事所占据，无法安心学习，由此影响学习成绩的提高。

在校期间良好的学习成绩可以为学生将来步入社会打下坚实的基础，对于中职学生而言更是如此。中职学生进入社会后从事的多是技术性、服务性工作，拥有良好的理论素养，可以为其在工作中创新提供智力支持。

(二) 专业技能

专业技能是学生步入社会后从事社会工作与实践的基础。专业技能的高低同样从一个侧面反映学习质量的优劣。专业技能主要从两个方面诠释学习质量的高低：一是技能考试，二是实验实习。技能考试可以反映学生对平时所学某一专项技能的掌握程度；实验实习可以反映学生对所学诸多技能的综合掌握程度和实际应用水平。与学习成绩的表现不同，专业技能主要是从实践性这一侧面来反映和诠释中职生的学习质量的。既然这样，对于实践性较强的专业技能而言，其影响因素究竟有哪些呢？如何才能获得一定程度的提升呢？

中职学生在学习专业技能的过程中会受到多种因素的影响或制约。出现这种情况，固然有其自身的因素，但也有与其相关的外界因素。

从学习者自身的情况来看，主要有学习者的学习兴趣、学习态度等因素。一般来说，技能是一种很专业的东西，在多数情况下是比较固定的，它通常会显得很枯燥、乏味。如果没有浓厚的学习兴趣，则很难学好学精，更不要说达到出类拔萃的程度。因此，培养学生的兴趣至关重要。对中职学生来说，他们尚处在一个兴趣爱好和价值观念未定型的年龄阶段，只要给予适当的引导，就可以很快地取得培养效果。除此之外，无论是理论学习还是实践学习，学习态度都是非常重要的。因此，学习者只有端正自己的学习态度，才能取得理想的成绩。

## 二、开展学生学业的成就评价

近年来开展的职业院校人才培养水平评估，对促进职业教育持续、稳定发展起到了重要作用。随着职业教育由外延式的规模扩张向内涵式的创新发展转变，职教评估逐渐开始关注办学成效与特色，专业教学质量评估成为评估体系的重要内容，评估对象包括专业目标定位、资源保障、人才综合能力和发展、社会贡献度等。完善的评估制度将通过建立不同的指标体系，促进院校合理定位和分类发展。

迄今为止，我国职教人才培养质量评估主要是通过学校内部的教学质量评价和职业资格考试实现的，采用的评价指标体系达不到大规模质量监控的信度和效度要求，无法借此进行校际和区域间的比较。由于技术支持不足，评价结果无法全面反映人才培养质量，更没有建立起评价结果与人才培养模式对应关系的解释模型。在对职业教育的产出进行评价时，我们可以通过开展职业能力测评，判断学生职业能力、职业承诺和职业认同感的水平，实现不同地区、院校间课程与教学质量的比较。通过职业能力测评所获得的人才培养质量信息，不仅能为各级政府制定政策提供依据，还能为课程和教学改革提供参考，提高职业教育体系设计和教育质量控制水平。这里有两个关键问题需要解决：一是产出和投入的因果分析；二是评估工具的开发，需要先进的职业教育理论和严谨的心理测评技术。

(一) 胜任某一工作的专业能力

中职学生要具有胜任某一工作的专业能力。学生在校期间要进行知识、理论的学习以及技能的训练，使其最终转化为或体现为专业能力。只有具备胜任某一项工作专业能力的毕业生才有可能是合格的毕业生。专业能力强，不一定代表考试分数就高。当学校的测试体系与未来工作要求相适应时，专业能力与考试分数相关，且成正比例关系；当学校测试体系与未来工作要求脱节或相反时，考试分数则不一定反映专业能力。

(二) 社会适应能力

现在的人是"社会人"，必须在社会中生存、发展。中职学生要想完全融入社会，除了具备专业能力外，还必须具备社会适应能力。具体来说，有以下4个方面。

1. 悦纳以职业道德为主的道德规范并内化为行为指南

道德是人们处理人与人、人与自然、人与社会关系的行为规范。这其中很重要的一个方面是职业道德。通俗地讲，职业是人们谋生的手段。职业道德则是人们谋生时必须遵循的行为规范。从长远来讲，不道德的行为将给行为人及社会带来不良的影响。中职学生要想在社会上谋生、立足，就要善于愉悦地接纳道德规范，并按其规定去做，且长期坚持内化为行为指南。只有这样，才能在所从事的行业中乃至社会上生存立足。

2. 心理健康 (心理调适能力)

人作为一个市场经济的竞争主体，有成功，也会有失败。每个人都不可能一帆风顺，所以要学会面对挫折。而挫折会引起心理变化，剧烈的变化，可引发心理问题，甚至心理疾病。随着市场经济的发展，竞争程度的加深，现代人的心理问题将越来越突出。中职学生应具备一定的心理调适能力，能通过自己调适或求助于专业人士，保持心理健康，防止心理疾病的发生。

3. 公关或人际交往能力

人是生活在社会中的人，不可能独自一人生活。马克思曾说：

"人是社会关系的总和。"人要想生存于世,正确处理与他人、与社会各种各样的关系是不可避免的。而且随着社会的发展,全球一体化趋势的加强,生活在"地球村"中的人们之间的交往将更加频繁。在这种交往中,如何展示自己,取得对方的信任、理解、支持,如何处理与对方的各种利害冲突,实现双赢,如何回应他人的友好或敌意,等等,这些都越来越重要。因此,中职学生要想立足于世,必须具有公关意识,具备公关能力,能很好地与人相处,拓展自己更大的生存空间,争取到有利于自己事业发展的良好人际环境。

4. 法制观念

市场经济是"法制经济"。随着我国的不断发展,法律制度将越来越完善,在社会中的作用日益重要。法制将成为人们行为的强制规则,违反者将受到国家法律的惩罚。因此,中职学生必须具有良好的法制观念。而且,中职学生以后也可能到国外发展,将受到所在国法律的约束。中职学生要知道哪些是允许做的,哪些是禁止做的;应该怎样做,不应该怎样做,要学会在法制框架内追求自己利益的最大化。

(三)胜任某一项工作所需的身体(生理)条件

因为专业的不同,各项工作对胜任工作者所需要的身体(生理)条件都有不同的要求。如文字录入员可能要求手指灵活,而厨师则可能需要嗅觉、视觉灵敏。中职学生要通过训练使自己具有相应的胜任某一项工作所需的身体(生理)条件。

(四)作为一个"社会人"所应具有的其他基本条件

除满足以上各项条件外,中职学生生存于社会还需要其他基本条件,如适宜的恋爱观、家庭观,自然灾害来临时的逃生技巧,抵御不法侵害的能力,拥有敬老爱幼观念,等等。中职学校培养的不是一个只会赚钱的机器,而是一个能工作、会生活、有发展的"社会人"。

(五)未来发展的潜在能力

中职学校教育与短期培训的相同点是两者都培养学生的专业能

力，不同之处是中职学校教育不仅要培养学生的专业能力，使学生就业，而且还要培养学生未来发展的潜在能力。未来发展的潜在能力主要包括以下3方面。

1. 对行业乃至社会发展的预测能力

中职学生毕业后要能够根据行业及社会实际，通过对收集到的各种信息进行分析、整合、判断，对行业的发展趋向进行预测。因为现代人从事多种职业已成为普遍现象，这就要求中职毕业生要想更好的发展，不仅要对本行业的前景有预测能力，还要对相关行业或可能从事的行业乃至社会的发展做出预测，进而根据行业及社会的发展要求，不断调适自己，适应社会，使自己立于不败之地。

2. 自我提高能力

中职学生可以在毕业以后，通过书籍、电视、网络、讲座等多种途径，不断提高自己的各方面素质，以适应社会的不断发展。中职学生不仅要具备在本行业深入钻研的能力，而且要具有跨行业、跨领域发展的潜力，具备相应的基本素质。

3. 创新能力（精神）

根据社会发展的需求，中职学生毕业后要在自己现有的基础上，创造出新的适合社会发展的事物。

### 三、对公共基础课进行改革

通过研究中职生学习目标，我们认为需要对公共基础课进行改革。虽然改革的迫切性并不亚于专业课，但目前尚未形成普遍接受的改革思路；尽管目前公共基础课课时比例不少，但学生接受程度低；社会各界对公共基础课教学并不满意，普遍认为职业院校学生文化基础薄弱。

公共基础课的未来走向包括以下两方面。

1. 强化公共基础课程

中等职业学校要按照教育部印发的教学大纲（课程标准）的规定，开设德育、语文、数学、英语、历史、体育与健康、艺术、计算机应用基础等课程。高等职业学校要按照教育部相关教学文件要求，规范公共基础课课程设置与教学实施，开设创新创业教育专门课程。

2. 提升公共基础课的教学质量

① 注重教学内容。公共基础课要与专业课相互融通和配合，教师同时要注重培养学生的文化素养、科学素养、综合职业能力等，注重社会教育，特别是生活教育，为学生更高质量的就业和职业生涯更好的发展奠定基础。

② 创新教学模式（行动导向教学）。

③ 改革评价模式（提倡过程评价与多元评价）。

### 四、中职教育一定要走创新之路

一是创新办学方向。中职毕业生由于就业困难，升学愿望强烈，导致了升学竞争的加剧，使得作为升学手段的考试成了不少学生追求的主要目的，甚至是唯一目的。因此，当前中职教育要摒弃"应试教育"的倾向，着重推进办学思想的转变，让中职学校更好地面向社会、面向市场办学，坚持"为建设小康社会服务，为构建和谐社会服务"的方向。

二是创新办学模式。应依据中职教育培养人才的目标定位进行办学模式改革。中职教育培养人才的目标是培养技能型、实用型劳动者，因此，必须强化对中职学校学生的实践能力和职业技能的培养，办学模式应多元化，教学模式应多样化。只有多元化办学，才能充分利用和整合职业教育资源，促进中职教育规模的发展；只有多模式教学，才能适应经济社会发展的需要，培养出社会与市场所需要的人才。要积极推进中职学校与行业、企业的联合办学，鼓励和推进跨地区、跨省市的联合办学，大力推行校企合作、订单办学的人才培养模式。

三是创新教学体系。中职教育既区别于企业员工的在职培训，又区别于高职教育，教学体系创新必须坚持"以就业为导向，以岗位能力为本"的职业教育办学理念和办学方针。在教材的选用和专业的设置上，要体现科学性、系统性、实用性、特色性，确保其能够反映新知识、新技术、新工艺、新方法，并且适应产业发展战略，符合产业结构调整的需要，紧密结合中职学校培养人才的定位特点，坚持"理论够用，技能实用"与"毕业生零距离上岗"的原则。同时，在教学和课堂实践过程中，应鼓励教师结合市场与学科的实际情况，不断提高教学的实用性与技能化水平。要改变过去课程设置的单一、狭窄现象，根据人才市场的现实需要做到既重视课程的应用性，又不否定课程的基础性；既重视课程的专业性，又不否定其适应性。在课程设置中既注重专业性，又注重学生适应性从业能力的培养。同时在课程设置上文理兼容，适当增加选修课，且允许学生跨专业选修课程，促进其素质全面提高。

四是创新管理体制。政府在中职教育的宏观调控和管理上负有重要责任。政府既是教育公共产品的提供者，又是中职教育市场环境的维护者。政府的调控和管理职能既不能缺位，也不能越位。政府要为中职教育创造一个公平、公正、平等有序竞争的市场环境和秩序。深化教师聘任制改革，推行教师的岗位管理和公开招聘制度；改革中职学校的收入分配制度，建立和完善体现岗位职责、能力、业绩的薪酬体系；创新中职招生制度，实行"一线放宽，二线管严"，即放宽入口，管严出口，毕业生必须经过严格考核，保证质量，努力提高"三率"——高合格率、高就业率、高创业率。

五是创新品牌。中职学校要生存、发展，就要提高竞争力。其关键是实施"双品牌"工程，努力创建名牌职业学校和名牌专业。因此，中职学校应借鉴企业品牌发展经验，实施人才强校战略，发展具有不同品牌特点的中职学校，使之上规模、上质量、上水平，不断提高竞争力。目前技术工人严重短缺，技术工人的培养和使用正日益受到全社会的关注，这为中职教育的发展带来了新的机遇。只要转变教育观念，创新思路，坚持适应市场经济发展，中职教育之路一定会越来越宽广。

## 五、现代化示范职业学校

"今天我以学校为荣，明天学校以我为荣"。学校是中职学生成长的摇篮，名校效应，可以帮助中职学生更加自信，更加努力提升自己，制订更加高远的学习目标。

### （一）理念视角

1. 观测其办学愿景

重点审核学校的中长期或 3~5 年发展规划与年度实施计划及总结等。检查该校是否落实了以立德树人为根本，服务发展为宗旨，促进就业为导向；是否紧紧围绕促进师生全面发展和助推经济社会发展办学，切实增强学校、教师技术技能积累能力和学生就业创业能力；学校是否成为师生共同成长的生命乐园、技能紧缺人才培养培训基地。

2. 观测其办学定位

着重考核学校发展规划、年度计划，专业人才需求调研报告，重点立项研究课题等。检查学校是否依法自主办学，形成了符合职业教育规律、特色鲜明的办学思想、教育理念，专业、课程和实训基地建设与产业技术进步相适应，适度超前储备新兴产业急需人才；是否着力培养学生的职业精神、职业道德、职业技能和创业创新创优能力，助推学生由一技之长向全面发展转变、阶段性发展向终身发展转变。

3. 观测其发展环境

主要审核地方经济社会发展规划、高中阶段教育生均经费标准、职业教育发展政策（招生、师资、校企合作等）文件等；检查政府是否统筹了教育资源和产业资源，积极发挥引导、规范和督促作用，推动产教融合发展；检查政府近三年出台并实施了哪些促进职业教育招生、校企合作、师资引进的政策或举措。

### （二）机制视角

1. 观察其育人机制

重点考核校企合作及运行机制，双元制、学徒制本土实践或试点状况，教学情境和教学方式，职教集团资源统筹、组织运行、中高职衔接等情况，国际交流与合作开展情况等；学校是否建立了校企合作规划、合作治理、合作培养机制，人才培养是否融入企业生产服务流程和价值创造过程，是否积极探索教学模式改革，实验、实训、实习和研究性学习环节是否完备；校企是否充分实现资源共享和优势互补，教学链、产业链、利益链是否深度融合；是否服务国家与地方经济发展战略行动，培养适需人才和高技能劳务输出人才。

2. 观察其评价机制

重点检查学校的教师考核制度，学生奖助学金制度、综合素质测评制度、学生申诉制度、困难学生帮扶制度的建立和落实情况，以及评价结果运用情况；检查学校是否建立了以毕业生职业道德、技术技能水平和就业质量为核心的教育质量评价体系，学生综合素质测评制度、学生申诉制度和困难学生帮扶机制是否健全，处分程序是否规范，维护学生合法权益；学校是否广泛开展道德、学习、体育、才艺、技能等系列的多样化评比，定期评选表彰示范集体、先进个人、特长学生等。

3. 观察其激励机制

重点检查学校内部人事管理制度、绩效考核制度、教代会制度的建立和落实情况；检查学校是否实行了专兼结合、固定岗与流动岗结合的教师人事管理制度，是否建立了体现职业教育教学特点、符合教师专业成长规律的绩效考核制度，是否以教学效果评价教师，确立教学工作的中心地位和教师教育教学的主体作用。

(三) 文化视角

重点考核校园美化、绿化、净化及节能环保情况，教室专业文化和职业氛围，校内实训场所生产、管理、经营、服务理念营造等，师生了解、认同校史、校训、校徽、校歌的情况，校风、教风、学风如何。

1. 观察其文化氛围

检查校园环境是否整洁优美，文体活动设施是否齐全，有效推进产业文化进教育、企业文化进校园、职业文化进课堂，生态环保、绿色节能、清洁生产、循环经济等理念自然有机融入校园，师生文化艺术活动、社会实践、志愿者服务等丰富多彩。

2. 观察其文化核心

检查是否具有体现学校历史积淀、凝练文化精神的校史、校训、校徽、校歌，体现和践行社会主义核心价值观的校风、教风和学风，并成为师生普遍认同和共同追求。

3. 观察其文化特色

检查是否充分吸纳、有机融合优秀的地域文化、独特的产业文化、先进的企业文化，学校环境氛围和文化建设是否体现鲜明的专业、地域、时代特点。

（四）管理视角

1. 观察其现代制度

重点考核学校章程及基础管理制度，领导班子专业、学历结构及分工合作情况，校级领导教育、教学或管理科研成果；检查是否建立健全了学校、行业、企业、社区共同参与的理事会或董事会；学校章程和管理制度是否充分体现职业教育特色和现代管理技术，依法办学；领导班子是否团结、进取、勤奋、廉洁，具有科学发展的战略思维和发展方略，有改革创新意识和教育管理研究成果。

2. 观察其质量监控

重点考核教育教学质量督导机构设置和专、兼职督导员配备及工作情况，开展学生评教、教师评教和教师评学等活动情况，相关调研、跟踪调查报告及结果运用情况；检查其教育教学质量保障与监控体系是否完善，各主要环节是否均建立明确具体的质量标准和相关人员的工作规范，是否坚持每年进行一次社会需求调研、新生素质调研和毕业生跟踪调查，实现对学校教学质量和办学成效动态、适时、有效的监控，有良好的自我诊断、系统分析和调节优化能力。

3. 观察其智慧校园

重点考核信息化基础设施建设、基础数据建设及覆盖、应用、管理情况，数字化教学资源库建设及师生实际使用情况，校园网站管理、运行及发挥社会效益情况；检查是否建成有线、无线全覆盖和物联感知的校园网络环境，面向教学、科研、学生、后勤管理的各类信息系统的基础数据和应用服务充分融合，数字资源充足且具有较强的时效性和专业针对性，能满足教学、科研和教师进修、学生成长的需要，师生是否充分运用信息技术辅助教学与学习，是否实现了学校工作、学习、生活智慧化。

**（五）队伍视角**

1. 观察其师德师风

重点考核师德师风建设、考评制度及结果运用情况，家长、社区、用人单位评价情况；检查教职工是否普遍具有从事职业教育工作的荣誉感和责任感，是否树立了教书育人、管理育人、服务育人意识，以身作则，关爱学生，学生家长、用人单位评价是否较高。

2. 观察其教师素质

重点考核师资队伍建设规划、经费保障，骨干教师、专业带头人或名师培养规划，长效机制建立及教科研成果；检查教师教学改革意识和质量意识，在教学、科研、技术开发、社会服务等方面成果是否显著，是否有省级以上优秀教学成果或市级以上鉴定的科技、教研成果。

3. 观察其名师团队

重点考核师资队伍建设规划、经费保障，骨干教师、专业带头人或名师培养规划，长效机制建立及教科研成果。

检查是否有高水平的专业带头人并形成教学与科研骨干队伍和梯队结构，骨干专业有省级以上教学名师（特级教师、领军人才），重点专业有省、市中心教研组成员，在省市重点建设项目中发挥积极作用或参加省级技能大赛、创新大赛、创业大赛、信息化教学大赛并取得突出成绩。

**（六）质量视角**

1. 观察其学生发展

重点考核近3年用人单位对毕业生综合评价的称职率（≥80%）、双证率（≥95%）、对口就业率（≥80%）和各类大赛获奖情况及优秀学生典型事迹，创业典型案例等，检查学生是否文明礼貌，进取向上，职业能力如何，职业素养如何，发展后劲如何，是否具有良好的伦理道德、社会公德和职业道德修养，职业生涯指导和创业创新教育是否成效显著，毕业生在本地区（行业）、企业是否有良好声誉。

2. 观察其社会服务

重点考核专业发展规划、学校专业结构与产业结构吻合情况，技术开发、应用和服务情况，开展各类短期职业教育、继续教育和文化生活类培训及资源开放情况；检查专业设置是否紧贴市场、紧贴产业、紧贴职业，主干专业均形成专业群或产业链，有引导行业发展、职业变化的新兴专业，积极开展面向社会实际需要的应用技术研究与新产品、新工艺开发或技术下乡等服务，积极承担社区教育（文化）中心功能，向社会免费开放服务设施和数字化教育资源。

3. 观察其示范辐射

重点考核在省、市相关行业协会、专业学会、职教集团等组织承担职责及发挥重要作用，承担各级各类重大项目研究或承办各类大赛、活动的情况；检查学校是否积极参与国家、省、市重大工程、重要项目政策研究制定工作，积极承担国家、省、市重大比赛、重要活动；在促进资源共享、提高办学效益、扩大受益面、增强吸引力等方面成效是否显著，对省内外兄弟学校是否起到引领、带动和辐射作用，是否为帮助相对落后地区的职业教育发展和薄弱学校发展作出积极贡献。

# 参考文献

[1] 查吉德. 职业教育人才培养目标的理论与实证研究 [M]. 广州：暨南大学出版社，2015.

[2] 袁川. 改革与探索：高校创新型人才培养的社会学分析 [M]. 武汉：华中师范大学出版社，2015.

[3] 朱建柳. 以职业能力为核心的中高职贯通人才培养模式探索与实践 [M]. 上海：上海科学技术出版社，2016.

[4] 洪向阳，蔡世玲. 中职生职业生涯规划实操手册 [M]. 上海：上海大学出版社，2015.

[5] 何兆述，师振华. 职业生涯规划与设计 [M]. 北京：中央广播电视大学出版社，2015.

[6] 陈立之. 用学习代替拼命 [M]. 南昌：江西人民出版社，2017.

[7] 张文杰. 引导学生正确归因，激发中职校学生的学习动机 [J]. 中国校外教育：基教版，2009，(12)：4-5.

[8] 王维军，王晓艳. 江苏高职商务英语专业学生学习动机实证研究 [J]. 考试周刊，2013，(74)：28-32.

[9] 陆王红. 职校学生学习质量评价中存在的问题及对策研究 [J]. 黑龙江科技信息，2013，(4)：97-101.

[10] 王建峰，宋玉琴. 学生学习内部动机的培养与激发 [J]. 教学与管理：理论版，2005，(10)：65-66.

[11] 张杰. 中学生学习动机状况及影响因素研究述评 [J]. 教育教学论坛，2012，(34)：27-29.

[12] 耿娟. 浅析中职学生学习动机的激发与培养 [J]. 职业，2013，(21)：58-62.

［13］ 欧惠平．中职学生学习动机激发的研究［D］．长沙：湖南师范大学，2008．

［14］ 张乐春．职业学校学生的学习动机与学业成绩的关系研究［D］．长春：吉林农业大学，2005．